启笛

谜

语

古

回

声

看见最早的绘画

[法]罗曼·佩吉奥 著   曲晓蕊 译

北京大学出版社
PEKING UNIVERSITY PRESS

鸣谢

本书作者在此衷心感谢当今对拉斯科了解最为深入的学者丹尼·托克斯，以及让-洛伊克·勒凯莱克，感谢他们对本书所提的细致的评论和修改意见。

谨以此书献给温克尔·罗曼,是他赠给我人生第一本关于史前学的书:

Die Höhlenbilder von Lascaux oder die Geburt der Kunst

德文版《艺术的诞生:拉斯科奇迹》,作者乔治·巴塔耶。

目录
CONTENTS

导言 / 1

第一章　艺术家举起了手 / 001

　　★ 颜料 / 004

第二章　洞穴的发现仿如一段传说 / 006

　　★ 拉斯科、凡尔赛还是西斯廷教堂？ / 018

　　★ 巴塔耶、夏尔和布朗肖，拉斯科的读者 / 021

第三章　拉斯科，死亡与重生 / 029

　　最早的科学研究 / 029

　　屠杀 / 032

　　★ 拉斯科二号，莫妮克·佩特拉尔的杰作 / 036

　　抢救可以拯救的一切！ / 037

看见最早的绘画

第四章　真实的拉斯科 / 043

　　公牛壁画厅（圆形大厅）/ 043

　　轴室 / 058

　　通道 / 076

　　后殿 / 079

　　井状坑 / 081

　　中殿 / 088

　　猫科动物壁室 / 095

第五章　拉斯科，艺术家之作 / 098

　　准备阶段 / 100

　　后勤保障 / 102

　　照明 / 102

　　准备颜料 / 104

　　贴近岩壁 / 107

　　食物供给 / 109

　　艺术家的工作 / 110

　　洞窟的使用 / 120

目录

第六章　史前学家眼中的拉斯科 / 124

　　结构主义时代 / 124
　　★ 有关旧石器时代艺术意义的主要假说 / 127
　　象征主义 / 133
　　萨满艺术 / 138
　　图腾主义理论 / 141
　　现实主义 / 145
　　浪漫主义 / 147
　　★ 清点和分类：应该把拉斯科放在哪个抽屉里？ / 160
　　★ 旧石器时代晚期的年代划分 / 172

第七章　拉斯科与史前人类 / 173

　　★ 洞穴中的女性 / 185
　　对空间的感知 / 189
　　对时间的感知 / 190
　　触觉感受 / 191
　　★ 确定拉斯科的年代 / 199

结论 / 204
参考文献 / 208

导言

一种被称为森林杀手的黑色疾病正在缓缓逼近。拉斯科危在旦夕，但它并没有死去。它受到的每一次威胁，都紧紧牵动着世界的心弦，唤起人们强烈的情感，这证明了拉斯科岩洞的绘画和雕刻在人们心中是多么的珍贵。很少有历史建筑、考古遗迹能引发人们这样的兴趣和关切。然而，那些创造它们的史前艺术家与我们有什么共同点？除了同属智人（Homo sapiens）之外，几近于无。那些巨大的公牛并不是为我们所画，却深深撼动了我们的心。

本书并不奢望解开拉斯科的谜团，但希望至少揭示出问题的关键，并尽可能贴近"拉斯科精神"，正是它吸引了众多诗人（如乔治·巴塔耶 [Georges Bataille] 和勒内·夏尔 [René Char]）的关注、激发着"健谈者的虚荣心"——福楼拜若是活到今日，必然会做此断言[1]。

---

[1]　Flaubert, 2016, p. 34.

前人关于这一主题的论述可谓浩如烟海，且后继者汤汤。当前科学研究的进展增进了我们对洞穴壁画的了解，甚至深入它们的原子结构。这些艺术家的作品呈现出难以置信的复杂性，他们反复作画、重画、修改、擦除，虽无法确定其间隔，却足以令人叹为观止。拉斯科可能是他们一生的杰作，他们不断地维护它、修复它，而这同样是我们今天的责任。

另外两位伟大研究者的精神也笼罩着拉斯科：安德烈·格洛里（André Glory）和诺贝尔·阿茹拉（Norbert Aujoulat）。他们把一生都献给了这个岩洞，比大多数史前学家更了解它。

田野考察是无可替代的。在所有那些（无论公认还是自称的）旧石器时代艺术专家中，总有一些人不怕"弄脏手"。对他们来说，那些绘画和雕刻不仅仅是复制品或者图像。他们站在那里，亲身感受到了它们。他们所经历的，不是以假乱真的神秘体验或萨满仪式，而是第一手的、几乎无法描述的情感。而为了成为一个真正的科学家，必须学会支配这种情感。他们的眼中闪出一道亮光，就像诺贝尔·阿茹拉在审视洞壁时那被点亮的眼神，充满关切和柔情。在黑暗中，研究者睁大双眼，试图客观记录眼前所见的一切。而在阳光之下，另一些人将著书立说，长篇大论地描述他们未能亲眼看到的这一切、阐述它们的美学价值。当然，他们的评论最后总会以此作为结语："太美了。"浪费了那么多的唾液，浪费了那么多的墨水，却只得出了这样的结论！

导言

拉斯科究竟是什么？一群少年在某个夏日夜晚共同发现的秘密？美丽的装饰艺术？一个教堂？一座圣殿？还是考古学家眼中的神圣遗迹？显然以上皆是。

这本书向我们呈现了一个真实的拉斯科岩洞，那个属于艺术家和史前学家的拉斯科。在让－克劳德·戈尔文精美的水彩画作品的指引之下，读者们会在书中找到他们想要知道的有关这个全世界最著名的岩洞的一切。

第一章
艺术家举起了手

"史前科学……在那只手举起来的那一刻,就陷入了沉默"

安德烈·勒华-古杭[1]

天色尚早,一缕微弱的阳光扫入洞穴。入口处被一堆碎石遮掩大半。几只兔子在水坑之间跳走。又是温柔宁静的一天。突然,林间响起落石的声音。有人走在石头上,半踏半滑地前进。是谁?

十几个男人和女人,正神色坚定地前行。他们扛着兽皮包裹的原木、树枝和从刚刚猎杀的动物身上割来的鲜肉。很快,他们就在最大的洞穴当中安顿下来,生起了火,这将为他们带来长久的光明。他们中的一些人从碎石堆里捡起几块空心的石头,

---

[1]　André Leroi-Gourhan, 1965, p. 27.

在里面放上一块动物脂肪,插上一段灯芯,然后在火中点燃:如此便制成了理想的灯具,伴随他们在狭窄的洞穴长廊中前行。他们从岩洞各处找到了之前藏在这里的彩色颜料,看来早已为这一刻做好了准备。

他们又找来一些比较平坦的石片,用来盛装他们用火石刀在赭石或铁氧化物上刮下来的黑色、红色或黄色粉末。人们从腰间沙袋里取出少量沙子,与粉末和水混合在一起。或者把粉末加热,让它改变颜色。

他们从一个袋子里拿出刷子、空心管和一些作为镂花板使用的兽皮片。每个人都分到了自己的材料,并将刚刚制成的大量液体颜料填入石桶中。

在地面下沉、够不到岩壁的地方,他们架起攀爬架,以便在岩壁上创作。

人们在洞穴的各个位置展开了工作。绘色师和照明员在绘画区域忙碌,在他们旁边围着一些负责用嘴或空心管吹干颜料的人,还有一些人忙于用画笔涂抹线条和平面区域,笔下的形象在岩壁上逐渐显露。那些知道如何熟练使用燧石的人将担负起雕刻师的工作;他们身边也有照明人员陪同,后者小心翼翼地确保自己的身体不会在墙上投下阴影,干扰雕刻师的工作。

第一章　艺术家举起了手

有一个人不断穿梭其中,提供建议或指令:这边纠正一段线条,那边阻止一只手在错误的地方下笔。他的脑海中有一个宏大的计划,正在努力把它呈现出来。他偶尔会转向另一个人,后者一直站立在旁、双臂交叉在胸前仔细观察,并不时颔首赞同。

几个小时过去了。众人停下休息,聚集在中央的火堆旁,把带来的肉拿出四分之一烤熟吃掉。洞中学习氛围很浓,也很融洽。每个人都知道,他们是为了集体及后代在工作。组织者,也就是这场地下演出的导演,在与领头人交谈。他们相互说了些什么?前者是否表达了一些疑虑,后者是否提出了一些改动,希望得到他的批准?

在一天结束之际,每个人都收拾好行装。未使用的颜料被放回原本的藏匿之处。火堆被扑灭了。然后这群人爬上碎石堆,离开了这里。他们明天会回来完成工作吗?这位"萨满"会不会把洞穴作为举办仪式或典礼的场所?整个部落的人会不会聚集在这里,一起观看和欣赏新的画作?

人们可以据此做出无数假设!史前学家当然想知道更多,为故事补充更多细节,把它讲述得更加绘声绘色。但如果他真的这样做了,就不再称得上是一个科学家!有时,这些场所蕴含的精神更为强大。它捍卫着自己的沉默。

颜料

拉斯科岩画中主要使用了三种基本颜色：黑色、红色和黄色。

黑色颜料的主要成分是锰，锰元素在该地区储量非常丰富。艺术家们可能对洞穴中的喀斯特熔岩和沉积层中的矿层很熟悉。他们可能还在维泽尔河床上收集了很多含有锰元素的小鹅卵石。

至于铁氧化物（主要是赤铁矿和针铁矿），只需弯下腰观察一下洞穴的土壤，便可以找到它们。正如我们将看到的那样，它们很容易被加工成深浅不同的颜色。

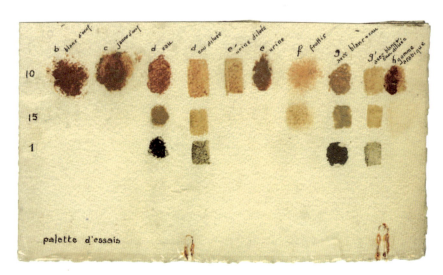

拉斯科岩画的颜料。这张色卡上的颜色根据利奈尔水粉色彩分类，编号从1到15，是安德烈·格洛里用洞穴中发现的颜料残余进行的实验

第一章 艺术家举起了手

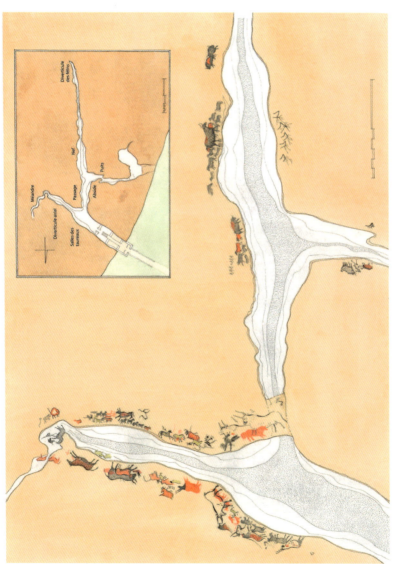

拉斯科洞穴。洞穴地形图,配有各部分主要的岩画形象。地形图由克劳德·巴塞尔勘绘
让-克劳德·戈尔文创作水彩画

第二章
洞穴的发现仿如一段传说

"在第一件史前艺术作品出土大约一百年以后，1940 年，人们发现了拉斯科。"

安德烈·勒华－古杭[1] 的叙述巧妙地引领我们进入一段有关"从前……"的故事。一个特殊的人物、一件神奇的作品就此以奇迹般的方式展现在世人眼前。

在欧洲历史上最黑暗的时刻，当失败已成定势、法国被一分为二、只有几个逃亡到海峡彼岸的抵抗者还在试图阻挡这不可抗拒的结局，此时这片大地上却绽放出令人屏息的美。谁发现了它？四个年轻男孩，国家的未来，其中一个还是战争难民、"逃离集中营的猎物"[2]。所有戏剧性的元素集中在一起，构

---

[1] André Leroi-Gourhan, 1948, p. 7.
[2] 这个词借用了克劳德·列维－斯特劳斯在《忧郁的热带》中描述自己时所用的表述。Lévi-Strauss, 1984, p. 18.

第二章 洞穴的发现仿如一段传说

成了我们的同胞最喜闻乐见的美丽童话、一段全新的"黄金传说"。

这段历史背景,就像它被发现的特殊情境一样,使拉斯科在法国人心目中占据了极为特殊的地位。对洞穴的"发现"[1] 是纯粹的,不包含任何商业目的或个人主义论调(至少在早期是这样)。它的出现就像圣母显现,丹尼埃尔·法布尔(Daniel Fabre)[2] 这样说,他也不无狡黠地提醒我们,牧师是我国最早从事洞穴艺术研究的人群。拉斯科不也(和教堂一样)有着"中殿"和"后殿"吗?即使创造拉斯科的不是法国人、即使(与它的历史比起来)法国政体的意识形态建筑尚且年轻[3],这座"史前的西斯廷教堂"还是被人们刷上了三色旗。只要看看我们是如何自豪地在世界各地,甚至不远万里去日本展示它的复制品,就能领会到这一点。拉斯科已经与凡尔赛宫、埃菲尔铁塔和沙特尔大教堂一起进入了国家瑰宝的万神殿。肖维岩洞,无论它有多么美丽,也不可与之同日而语,毕竟是由成年人发现的,发现时间太短、又太快被关闭保护起来,所以引发的更多是羡慕之情、却不是热爱。在所有法国家庭里,都有某位祖先曾参加过凡尔登保卫战,也有人看到过"真正的"拉斯科。

---

[1] 在考古学中,对考古遗址或文物的"发现"与"发明"是同一个词 invention。
[2] Daniel Fabre, 2014, p. 49.
[3] 正如 Jean Guilaine(2011)和 Jean-Paul Demoule(2012)最近在著作中提醒我们的这样。

讲述这一发现的书有很多。第一本是由四位发现者之一马塞尔·拉维达（Marcel Ravidat）[1]应莱昂·拉瓦尔（Léon Laval）老师的要求写下的报告。最动人的是汉斯·鲍曼（Hans Baumann）在《被遗忘的洞穴之谜》(*Le mystère des grottes oubliées*)中的叙述，这是一个具有大师风范的故事，与伊妮德·布莱顿（Enid Blyton）的《五人俱乐部》(*Club des cinq*)风格近似，尽管其中包含一些事实错误[2]。最准确的陈述则是蒂埃里·费利克斯（Thierry Félix）根据发现者本人的讲述整理而成的[3]。它真的是最准确的吗？诚然，这个曲折多变的故事很快就成了一个传奇，多年来被那些不善记忆的英雄们不断重复、修正、美化，被作家和记者们改写，由导游在游客面前不断讲述和检验。这样再好不过。伪造的福音书永远比经过专家验证纠偏的官方文本更受大众欢迎。布里吉特·德吕克和吉勒·德吕克（Brigitte & Gilles Delluc）通过大量的档案研究，完成了一份非常详细的报告，这无疑是非常接近真相的版本[4]，而且还在不断补充完善之中[5]。菲利普·比戈托（Philippe Bigotto）在连环画《拉斯科森林的秘密》(*Le secret des bois de Lascaux*)中，借蒂埃里·费利克斯之口讲述

---

[1] 后经拉瓦尔整理，参见 Laval, 1950, pp. 12-16。
[2] Baumann, 2001.
[3] Félix, 1990.
[4] Delluc, Delluc, 1979, 2003a, 2003b.
[5] Delluc, Delluc, 2016.

第二章 洞穴的发现仿如一段传说

了另一个充满诗意的版本[1]。

让我们首先回顾一下事件发生的顺序。大约在1910年代或1920年代，一场暴风雨将拉斯科山上的一棵大树连根拔起。据皮埃尔·范拉克[2]讲，树倒后地上出现了一个洞，而当地人养成了向洞里扔各种垃圾的习惯。他们把这个洞戏称为"魔鬼洞"，因为扔进去的东西似乎都被吸进了大地深处。有一天，一个农民把他自家死去的驴子的尸体扔进了深渊。故事没有说明它用了多长时间在那里慢慢腐烂：大约20年？1940年9月8日（星期日）这一天，可能正是腐肉或骨头的气味吸引了罗布——这是马塞尔·拉维达的狗的名字。

这个"罪犯"（马塞尔在村里男孩中间的绰号，因为他很健壮，"就像冉阿让"）当时已经18岁了。作为一名机械学徒，他和所有年轻人一样，被冒险故事和地下通道的神秘传说所吸引，据说这些地下通道连接着山脚下的庄园和佩里戈尔伯爵的古城堡。人们说，那里藏有宝藏……他跟一群朋友（让 & 雅克·克洛泽尔 [Jean & Jacques Clauzel]、莫里斯 & 罗伯特·凯华 [Maurice & Robert Queyroy]、路易·佩里耶 [Louis Périer] 和安德烈·迪特里奥 [André Détrieux][3]）一起散步。在返回拉斯

---

[1] Félix, Bigotto, 2002.

[2] Pierre Fanlac, 1986.

[3] 也有消息认为当天同行的只有让·克鲁岑、莫里斯 & 罗伯特·凯华和路易·佩里耶。见 Delluc, Delluc, 2016.

科山的路上，罗布——"一只长着红色长毛的猎犬和梗犬的串种狗"——掉进了一个洞里。去救他时，马塞尔注意到旁边还有第二个洞的存在，他扔了一颗小石头进去，洞里传来长长的回声，看来这个洞似乎更深。这难道是著名的地下通道的入口吗？他决定下次带盏灯再来一探究竟。

于是，9月12日星期四这一天，他带上自制的照明工具和一个汽车弹簧片做的刀具再次出发了。生活中的偶然性（一个朋友要工作，另一个不想去，他们对此不太感兴趣，等等）导致这次与他同行的是3个新同伴：雅克·马萨尔（Jacques Marsal，14岁），他的母亲是勒庞（Le Bon Accueil）餐馆的老板，父亲是税务官；乔治·阿涅尔（Georges Agnel，17岁），来自马恩河畔诺镇，与祖母一起来此地度假；西蒙·科恩卡斯（Simon Cœncas，13岁），一个来自蒙特勒伊的犹太裔年轻人，与家人在村里避难。4个朋友联手扩大了洞口。随后马塞尔先行入内。确定没有危险之后，他帮助其他3人钻了进去。一段探索之旅就此展开。往前走了几米之后，雅克第一个看到了岩壁上的画。

他当时所感受到的震撼，洞穴艺术专家完全可以理解。每一个发现旧石器时代遗迹的人都体验到同样的震惊——在这一瞬间似乎与创作者产生一种直接联系，时间与空间的阻隔都消失不见，沉浸在发现宝藏的快乐之中。在这样单纯的快乐面前，考古学家必须防患于未然，保持冷静，记录下所有细枝末节的信

第二章 洞穴的发现仿如一段传说

14年后,马塞尔·拉维达(右)和雅克·马萨尔在他们最初发现洞窟的地点留影

息。在蓬达克,肖维岩洞的幸运发现者们(让-玛丽·肖维 [Jean-Marie Chauvet]、埃列特·布鲁奈尔 [Éliette Brunel] 和克里斯蒂安·伊莱尔 [Christian Hillaire])特别小心地遵循确定的路径前进而不偏离,以保护地面、不破坏史前艺术家留下的足迹。但那已经是1994年,人们已经对古迹保护的必要性有了更明确的认识。我们又怎么能责怪这些1940年的年轻人没有

同样小心谨慎呢？他们在岩洞各处留下了足迹，惊叹于眼前所见，他们爬上岩壁的凸起处去观察黑色母牛，还把脸贴在岩壁上，仔细探索猫科动物壁室中每一片经过雕凿的洞壁。

9月13日，有了西蒙的哥哥莫里斯·科恩卡斯（Maurice Cœncas）的加入，这5个孩子带着电石灯、铲子和绳索探索了整个洞穴。他们带着惊奇和兴奋把食人魔的洞穴翻了个底朝天。9月14日，在拓宽了通道入口以后，马塞尔顺绳而下，第一个进入了井状坑。

从古至今，年轻人的耳朵总是对流言蜚语最为敏感。14日，有4人下去参观这个新发现，15日的参观者达到了20多人。我们可以想象洞穴发现者们是多么自豪。每个人都在那里寻找属于自己的一小片永恒。当中有很多是来自阿尔萨斯地区埃尔森海姆镇的难民。而正是在9月14日，人们发现了那个由开膛破肚的野牛和长着鸟头的"人"组成的著名"场景"。

如果事情发生在今天，马塞尔、雅克、乔治和西蒙会因为侵犯土地权而被起诉，因破坏考古遗迹而被罚款。他们的纯真，他们的年轻，以及时代的不幸令他们成为英雄。请不要夺走他们的桂冠，而是去体会他们的喜悦。这显然是一个美丽的故事。

当一个人有机会进入阿里巴巴的山洞，最难的就是他要如何走出来，再次回到成年人的世界——那个如此凶猛、如此残酷的

第二章　洞穴的发现仿如一段传说

世界。乔治因为撒谎和偷跑出来而挨了母亲一记耳光。他在月底离开了那里,回学校开始新学期的课程。但他已经是小伙伴里最幸运的那一个了。西蒙·科恩卡斯回到了巴黎,随后体会到在集中营中失去全家人的痛苦。他和他的小妹妹在德朗西被红十字会解救了出来,免于被送往奥斯威辛。为了不被强制劳动署(STO)抓去德国做劳工,马塞尔在1943年加入了"雅克-勒-克洛昆"游击队,随后参了军,跟随法国部队越过莱茵河一直攻打到巴登-巴登。雅克在1943年被强制劳动署抓去,一直在德国待到1945年。

那山洞呢?这片地区属于著名的拉罗什弗考德伯爵家族,应庄园管家的要求,马塞尔和雅克负责看守它。他们先是住在帐篷里,帐篷被烧毁后,他们在洞口盖了一间简易小屋,限制入内参观的人数(据当时的目击者说,每周大约有1 500人进入参观)。他们向每位游客收取75欧分,还在茶点摊出售柠檬水供大家解渴。拉斯科山洞于1941年底关闭,战争期间被遗弃。并没有证据表明拉斯科曾被用作避难所或武器库,这与安德烈·马尔罗的描写恰恰相反,这一位可以说是篡改现实的行家:

> 在上方覆盖的穹顶上……黑暗而华丽的动物们奔跑着,在手电筒摇曳的光圈驱动下,好似奔逃四散的标记。我旁边的一个人掀开了一个箱盖,箱子里装满弹药;放在一旁的手电筒在穹顶投下了巨大的阴影。从前那些野牛猎人举着

燃烧的树脂做成的火把来到这里时,可能也在这墙壁上投下过巨人般的影子……

我们顺着一条打结的绳子下到了一口浅井里。井壁上画着一个人身鸟头的形象。一堆巴祖卡火箭筒突然倒下,爆发一阵哐当乱响,回声逐渐消失在黑暗中,寂静又回来了,更空旷,也更具威胁性。……"您喜欢绘画吗?"导游问我,"1940年9月,一群孩子进洞抓小狗,结果发现了它们。这是非常、非常古老的。曾经来了些学者,后来,那是在1940年,您也可想而知了!"

那就是拉斯科。[1]

从战争地狱返回故土后,这两位蒙蒂纳科人于1948年成为拉斯科的导游,从山洞正式向公众开放的那一天直到1963年关闭为止。马塞尔后来拒绝了这里为他提供的微薄薪水,选择在康达特造纸厂当了一名机械师。雅克则成为一名洞窟保护专家,专门从事历史遗迹保护工作,后来被人们称为"拉斯科先生"。

在1990年拉斯科发现50周年的纪念日庆典活动上,雅克(追认)、马塞尔、乔治和西蒙终于获得了正式认可。此前,他们

---

[1] André Malraux, 1972, pp. 596-598.

第二章 洞穴的发现仿如一段传说

曾在1986年再次聚首。随后,雅克在1989年去世,马塞尔于1995年去世,乔治于2012年去世。西蒙是目前唯一的幸存者。险些被纳粹剥夺生命的他,在参观拉斯科四号坑时,再次凝视着人类最伟大的作品,心中涌起一种全新的情感。不要忘了,这4个年轻的冒险家从来没有要求过报酬,对他们来说,拥有这些美好回忆就已经足够,那是他们曾拥有的共同的秘密,尽管这秘密并未保留太久,很快就尽人皆知,并为拉斯科带来了巨大声誉。这是他们送给全人类的礼物。

很快,就像所有美好的童话故事一样,老人们出场了。这些老年人在事业有成后,终于可以安静地倾听年轻人的意见。第一个碰巧是蒙蒂纳科小学的退休教师莱昂·拉瓦尔(55岁),他在9月16日就从雅克那里得知了这个消息,不过那时他还对此将信将疑,因此请他以前的一个学生乔治·埃斯特雷吉尔(Georges Estréguil)画了一些描图,作为对马塞尔给他看过的那些草图的补充。最终他相信了这一切,跟着孩子们进洞察看,那时孩子们已经跟当地所有的小伙伴们分享过这一发现了。不过,他并不是自旧石器时代以来第一个进入拉斯科的成年人!就在他面对着洞口的荆棘稍作犹疑之际,在不远处放羊的鲍德里夫人(Mme Baudry,77岁)无耻地从他身边走过,先他一步走了进去!为了不让自己"看起来比女人还胆小",莱昂·拉瓦尔先生终于下定决心……而他的生活也因此发生了变化。他将成为洞穴博物馆的第一任馆长、国家科学院的通讯员和历史遗迹保护负责人,直到因为行政部门的铁腕和旅游限令及疾病等原因，迫于无奈逐渐远离这个职务，最后在1949年去世[1]。

接下来发生的事就像是让·乔诺（Jean Giono）的小说。这位令人敬重的老师来到了蒙特尼亚克的金色阳光酒店，向那里的住客们讲述了他的所见。听众中有一位年轻的莫里斯·塔翁（Maurice Thaon，时年约30岁），是一名从战场逃回来的士兵，他立即打电话给他在比夫附近疗养的亲戚：亨利·布勒伊神父（Abbé Henri Breuil，63岁），法兰西学院教授、旧石器时代壁画艺术专家。9月20日，他骑自行车给神父带去了他在洞穴里画的一些草图。这位"史前艺术的教皇"于21日抵达拉斯科。有关他与孩子们见面的经过，汉斯·鲍曼做了非常动人的描述（无疑编造的成分居多）。不管真实情形究竟如何，神父确实用了三天的时间在那里检查并鉴定了这些绘画和雕刻。他还利用这个机会为洞室和图画"洗礼"命名，为它们打上了自己的烙印："独角兽""游泳的鹿""中国马""公牛壁画厅""轴室""通道""中殿""后殿""井状坑""回廊""猫科动物壁室"……所有元素都像参加嘉年华会一样被挂上了假鼻子和绰号，打上了永久的印记。大部分在拉斯科洞窟和重建的拉斯科二号洞窟做过导游的人，都咒骂过老神父眼神不济，给一只明显前额上突出两只角的动物起了个"独角兽"的名字，让他们怎么去向游客们解释……神父在10月11日向法兰

---

[1] 参见他的儿子弗朗索瓦兹·拉瓦尔（François Laval）的叙述(2007)。

第二章　洞穴的发现仿如一段传说

1940年秋，莱昂·拉瓦尔、马塞尔·拉维达、雅克·马萨尔和亨利·布勒伊在扩大的洞窟入口前
拉瓦尔家族私人相册，版权所有

西文学院提交的一份报告中宣布了这一伟大发现，他在文中把拉斯科描述为"史前的西斯廷教堂！"这句绝妙的宣传语一直沿用至今……他于12月13日离开法国前往葡萄牙，然后到了南非，在那里一直待到战争结束。

此后还有其他专家陆续来到这里：让·布依松和阿梅代·布依松教士（Jean & Amédée Bouyssonie, 63和73岁）、亨利·贝古昂（Henri Bégouën, 77岁）、丹尼·贝鲁尼（Denis Peyrony, 71岁）、阿梅代·勒穆奇（Amédée Lemozi, 58岁），最早的研究和旅游开发工作开始了。

拉斯科、凡尔赛还是西斯廷教堂？

"约瑟夫·迪舍莱特（Joseph Déchelette）曾满怀惋惜地把阿尔塔米拉岩洞称为'马格德林人的西斯廷教堂'，同样地，比前者更古老、辉煌的拉斯科岩洞也是'佩里戈尔人的西斯廷'。"1940年，在法兰西学院介绍拉斯科的时候，亨利·布勒伊如此强调它的地位。不过，艺术史学家菲利普·达根（Philippe Dagen）[1]指出，这个比喻并不严谨，因为罗马壁画虽然也是团队创作，却是由米开朗琪罗一个人策划的，是他个

---

[1] Dagen, 2003, pp. 9-10.

第二章　洞穴的发现仿如一段传说

1940年10月29日，亨利·贝古昂和亨利·布勒伊（举起手臂），雅克·马萨尔和马塞尔·拉维达（坐）。
拉瓦尔家族私人相册，版权所有

人天赋的体现。而这一点对于佩里戈尔洞穴来说远未得到证实。神父在这样说的时候，自然是想到了轴室天顶的装饰画，一只巨大的红色母牛将两边的洞壁连接起来。当时，史前科学还只是一门年轻的学科，与研究埃及文化、希腊克里特岛和迈锡尼文化或古代大理石雕塑的"严肃"艺术史研究相比，还不那么有分量。所以要用震撼性的观点引起人们重视，用类比的方式可以令人们理解史前绘画的价值，将它们划入重要类别[1]。同样，安德烈·格洛里神父在一篇遗作中将拉斯科与另一座国际知名的历史建筑做了类比："它就像中世纪的那些大教堂，既是人们进行祈祷的神殿也是讨论公共事务的场所，因为大众艺术的原则是美与善一体、美与功用合一，拉斯科岩洞显示出天才的装饰技巧，可以说是（原文如此）：史前的凡尔赛宫[2]。"这句话中无疑暗含了许多阐发成分。无论怎样，我们都可以通过媒体的头条新闻来衡量史前科学的进步。科斯奎洞穴不就被称为"海底的拉斯科"，而库萨克又被称为"雕刻的拉斯科"吗？

---

[1] 对此更为详尽的分析可参见 Pigeaud, 2007a。
[2] Glory, 1971, p. 37.

巴塔耶、夏尔和布朗肖，拉斯科的读者

"拉斯科陷阱"还俘获了最伟大的法国作家之一：乔治·巴塔耶（1897—1962）的心。

1955年，他出版了有关拉斯科的最优美的作品之一。这一出色作品显然会令史前学家们失态轻咳。人们习惯于赞扬克劳迪奥·埃默（Claudio Emmer）和汉斯·辛茨（Hans Hinz）拍摄的精美照片，却故意抹去文字，或者仅仅引用断章取义的几句话来对诗人表示讥讽。啊，那井状坑"场景"中的"公鸡标"是如何引人发笑的！

乔治·巴塔耶，这位著名的情色文学作家，当然闻得出评语中浓浓的火药味。可以想象布勒伊神父看到这本书时会作何反应。这位《眼睛的故事》的作者，到了拉斯科。

由于乔治·巴塔耶所处时代的科学认识水平的局限，他所使用的很多素材和概念现在看起来或许有些过时。在此期间史前科学显然获得了长足进展。可一旦洗去这些表面的浮尘，他的思想就放射出巨大的力量。人们可能会相信或否认他的观点，但绝对不会忽视它们。

对他来说，拉斯科的绘画作品能给人带来一种力量和激昂的感受，就像酒精的作用，一个"动物大游行"，这"正是他们

为我们留下的第一个符号——这些没有目的、不假思索却又逼真、直接的符号，代表着我们在这个宇宙中的存在"[1]。

洞壁上没有任何忧伤，尽管史前人类的生活是严酷的："假如他们充分熟悉的生活没有赋予他们丰富而愉快的精神高度，他们的作品就不会呈现出这般的说服力。"[2]

洞壁上传达的重要信息，是人们面对死亡和性的禁令做出的越轨行为，通过发明工具（或劳动）和艺术（或游戏）得以实现："要确定拉斯科的意义——我指的是拉斯科所开创的这个时代的意义，就是要看到从工作世界向游戏世界的过渡，同时也是从能人（Homo faber）到智人（Homo sapiens）的过渡，（身体特征上）从粗制的人到被完成的精巧个体的过程。"[3]

但劳动使人意识到自己的有限性，他开始制造比自己寿命更长的物品[4]。死亡和性是工作中必须排除的两项禁令，以保护人类，使其脱离动物性[5]。这引发了一种张力、一种内在斗争。

---

[1] Bataille, 1992, p. 11.

[2] Ibid, p. 24.

[3] Ibid, p. 27.

[4] Ibid, p. 29.

[5] "乔治·巴塔耶假定的禁令从一开始就在人类行为可能性的四周画了一个圈——性禁令、对死亡的禁令、对谋杀的禁令——作为障碍的存在，以防止人超越自己划定的范围、走回头路，迫使他在（转下页）

第二章　洞穴的发现仿如一段传说

一个解决方案是实践一种自由的僭越：

> 当旧石器时代晚期……游戏首次以艺术活动的形式超越了劳动……禁忌——思维的抵触，麻木与昏昧——不能在瞬间简单地消失。……僭越是阻挡禁忌衰落的必要对应物。无论何地、无论何时，节日都象征着某个特殊的时刻——在此时，平日里遵循的沉重规则可以被暂时搁置一旁。……僭越的状态揭示了某种渴望，这是一种需求——我们追求一个意义更为深远、更为丰富、更为奇妙的世界，简而言之，对神圣世界的渴望。[1]

拉斯科岩洞中的绘画，其"令人不安的魅力"和它们所引发的"宗教恐惧"[2]让人感受到释放自由的高潮和"爆炸性的恩惠"[3]。"……在驯鹿时代，艺术的诞生与游戏和节日的喧嚣

（接上页）危险的、可疑的、几乎看不到出路的道路上坚持走下去，并最终保护所有那些在劳动中形成、也通过劳动创造出来的痛苦的、不符合自然本性的活动形式。"（Blanchot, 1972, p. 13）

[1] Bataille, 1992, pp. 37-38.
[2] Ibid, p. 57.
[3] 布朗肖写道："……此时，他第一次成为真正的人，在短暂欢愉的间歇，他回到了丰富洒脱的自然的源头，回到了他还没有成为人的时候的样子。他打破了禁忌，但是，由于现在有了禁忌，而且他打破了它们，所以他远远超越自己本来的存在之上，在返回其中的同时也支配着它……"（Blanchot, 1972, p. 12）

同时发生，这些洞穴深处的形象宣告着生命的迸发，生命总是超越自己，并且在死亡和诞生的游戏中自我实现。"[1]

这种僭越伴随的快感和好心情为他们带来了一种荣誉感，"仿佛他们从自己失去的动物本性中获得了新的威信"。[2] 死亡的焦虑和对性的恐惧就这样被征服了，或者至少被一种拉伯雷式的笑声所瓦解[3]。这是对虚空的轻蔑：这就是拉斯科。"拉斯科人一定满怀笑意。而我们几乎忘记了笑容的绽放是怎样的一种解脱：我们需要借助科学的所有严肃性才能忘记它。"[4]

他对井状坑中的"场景"所做的分析更为晦暗，并且是多次逐步深入地剖析[5]，在这一场景中，半兽人勃起的性器、野牛"倾泻而出的白色肚肠"（或许是对女性性器官的夸张表现）以及作品所处的地下环境（位于晦暗的井底）混合在一起，让他看到了"死亡和色情……本质上的矛盾和一致"。[6] 在丹尼埃尔·法布尔（Daniel Fabre）[7] 看来，在个人经历的影响下，乔治·巴塔耶对眼中的画面大为震惊，他在其中看到了世界母

---

[1] Bataille, 1992, p. 33.

[2] Ibid, p. 115.

[3] "他哄着亚当睡去 / 他爆发的巨大的笑声 / 是心灵的深渊。"（维克多·雨果，《法师》，《沉思集》，第六卷）

[4] Ibid, p. 25.

[5] Fabre, 2014, chap. III, pp. 101-122.

[6] *Les larmes d'Éros*, Bataille, 1970-1988, t. X, p. 597.

[7] Ibid, p. 120.

亲（野牛）和变形（重生？）为鸟形的猎人之间的乱伦场景。勒内·夏尔（René Char）在诗歌《死去的鸟人和垂死的野牛》（*Homme-oiseau mort et bison mourant*）中精准把握了这一想象：

> 修长的身体，曾充满严苛的热情
> 现在竖立对着受伤的野兽。
> 被冷酷无情地杀戮！
> 被那万物之主杀戮并且，与之和解，走向死亡。
> 他，深渊的舞者，精神，持续不断地诞生。
> 鸟类和魔法的异常效果被残酷地保存下来。[1]

对乔治·巴塔耶来说，拉斯科构成了一个原点，是对动物世界的背离，而人类永远不会停止对此的悔恨。[2]

这座考古遗址和一个伟大作家的相遇，是自约阿希姆·杜·贝莱（Joachim Du Bellay）以来文学界的一个重要传统，在这里感受如此深刻，直抵最隐秘的伤口。乔治·巴塔耶不仅亲眼见到了拉斯科壁画，他还深刻地体验到了它们。

勒内·夏尔（1907—1988）与他的朋友和邻居乔治·巴塔耶一样，对拉斯科十分着迷。他的诗集《岩壁与草原》（*La paroi et*

---

[1] *La paroi et la prairie*，见 Char, 2016, p. 351。
[2] Bataille, 1992, p. 121.

la prairie) [1] 以名为《拉斯科》的组诗拉开帷幕，其中的五首诗分别是：

《死去的鸟人和垂死的野牛》
《黑鹿》
《无名的野兽》
《鬃毛猎猎的年轻骏马》
《麻木》

关于这部诗集还有一段小插曲，夏尔卓绝的诗作引起了亨利·布勒伊的注意，后者写信问他："您是如何感受到这一切的？"[2] 通过《索格河畔》(*Aux riverains de la Sorgue*) 中对井状坑"场景"的描述，他仿佛又回到了拉斯科。这首诗被收入了诗集《群岛上的对话》(*La Parole en archipel*)：

> 太空中的人类在他的诞生之日所散发的光亮，与藏匿隐居在拉斯科的花岗岩人比起来，不过是后者的十亿分之一；他所发现的隐秘事物也只是后者发现的十亿分之一、尽管后者的肢体早已因死亡而僵硬变形。[3]

---

[1] Char, 2016, pp. 351-353.
[2] 1952 年 12 月 4 日通信，见 Delzard, 1990, p. 23。
[3] Char, 2016, p. 412.

莫里斯·布朗肖（Maurice Blanchot）对《无名的野兽》（*La Bête innommable*，即独角兽）进行了精妙的分析[1]。这首诗蕴藏着沉默中爆发的暴力，让我们看到"这种沉默本身就是非人的，它使空气在神圣力量经过时产生颤抖"[2]，而在复制的图像前、在一群游客中间，我们已经失去了这种感受力。

> 无名的野兽阻止了牛群的优雅行进，就像饕餮的独眼巨人。
> 身披八个笑话，将他的疯狂一分为八。
> 野兽在乡野的空气中虔敬地打着嗝。
> 它醉醺醺的下垂的侧肋流露着痛苦，即将清空自己孕育之物。
> 从蹄子到徒有其表的獠牙，它浑身上下都散发着恶臭。
> 就这样，在拉斯科岩壁上，我看到了奇异伪装下的母亲，眼中充满泪水的智慧女神。[3]

作为女预言家西比尔的祖先，独角兽已经准备好歌颂开端、承诺和觉醒，但眼前的未来既不美好也不阴暗，接收预言的人必

---

[1] Blanchot, 1982.
[2] 同上书，p. 16。"当未知在呼唤着我们，当它借用神谕的声音，不讲述任何现实话语，却迫使听者挣脱自己的现实此刻，来到他身边，正如所有尚未存在之物，这话语往往是排除异己的，带有一种傲慢的暴力，在它的严苛和无可辩驳的判决中，忽视我们，把我们从自己身边带走。"
[3] Char, 2016, p. 352.

须将自己与之联系起来,"就像神谕般的话语,它没有任何规定,没有任何义务,甚至没有任何装饰,只是将这沉默化为手指,急迫地指向未知"。[1]

我们面对的正是这"起源的考验"[2]。拉斯科要求我们做出回答。每个人都要去寻找答案。

---

[1] Blanchot, 1982, p. 29.
[2] Ibid, p. 32.

第三章

拉斯科，死亡与重生

最早的科学研究

由于眼睛受伤，布勒伊踏进洞穴的次数屈指可数。1949 年 9 月 2 日到 7 日，他与塞弗兰·布朗（Séverin Blanc）和莫里斯·布尔贡（Maurice Bourgon）一起对井状坑底部进行搜索，寻找想象中"场景"下面可能存在的墓穴。结果正如人们期望的那样，徒劳无功。显然他们的工作方法并非典范。安德烈·勒华 - 古杭在报告中写道："他们像野猪一样四处翻找。"[1]

他进行了两次调查：一次在猫科动物壁室（未完成，与马塞尔一起），另一次对倒转的马壁画进行调查（与他的助手博伊尔 [Boyle] 小姐和其他人一起）。他随后发表了几篇关于拉斯科的笔记和报告，直到 1952 年出版了代表作《洞窟艺术四万年》

---

[1] Leroi-Gourhan, 1982, p. 217.

(*Quatre cents siècles d'art pariétal*)，在其中将拉斯科列为"六大洞窟"之一，其他 5 个分别是阿尔塔米拉（西班牙，坎塔布里亚）、丰德戈姆（多尔多涅）、贡巴莱勒（多尔多涅）、三兄弟（阿列日）和尼奥（阿列日）。

他首先委托莫里斯·塔翁进行研究，也就是首先向他报告了这个发现的年轻人。这是个大有前途的年轻人。在难民皮埃尔－多米尼克·盖索（Pierre-Dominique Gaisseau）的协助和让·布依松神父的监督下，他一共临摹了 31 幅画稿。1942 年春天，他停止了工作，因为不想与德国考古学家、摄影师马丁·里希特（Martin Richter）合作。后者受德意志帝国文物保护局（Kunstschutz）的委托来到此地，该机构因偷窃和破坏而臭名昭著。幸运的是，里希特似乎对拉斯科兴趣不大。尽管如此，莫里斯·塔翁还是暂停了现场调研，抽出时间写了两篇论文，至今尚未出版。

布勒伊神父于 1945 年回到了这里，并对塔翁的工作表示失望，尽管后者的研究质量很高。我们可能永远不会知道他蒙受羞辱的原因：难道是因为塔翁在写一本与拉斯科有关的书，却没有事先报告"教皇"吗？无论如何，这位老官吏宁愿把接下来的研究委托给一位比利时摄影师费尔南·温德尔斯（Fernand Windels），温德尔斯为 1948 年出版的第一部拉斯科作品集提供了摄影封面。他的助手是当时法国国家科学院（CNRS）的一名助理研究员安妮特·拉明（Annette Laming），由她完成

第三章　拉斯科，死亡与重生

公牛壁画厅临摹图（左侧岩壁），约 1941—1942 年，莫里斯·塔翁绘
法国国家考古博物馆，Saint-Germain-en-Laye, ©RMN-Grand Palais (Musée d'Archéologie nationale) / Loïc Hamon

了第一份作品目录和所有壁画的数字编号。

1952 年，安德烈·格洛里神父（1906—1966）接管了研究工作。他是布勒伊神父的学生，曾于 1940 年 9 月 26 日参观过洞窟，受布勒伊神父推荐接受了这个任务，此后一直致力于

洞穴研究，直到1963年，他一共研究了1 500多个壁画形象（雕刻和绘画）。1957年12月13日—1958年4月15日，他"寸步不离"地监督工人们改造岩洞，为接待更多的游客做准备——挖沟，降低地面，用气锤在地面打孔。1966年7月29日，格洛里神父在一场车祸中丧生，一同去世的还有他的弟子维勒维古神父（Abbé Villeveygoux）。

屠杀

这个词可能稍显沉重，用在这里或许不太公平，因为当时的人们并没有这样的感觉——除了莱昂·拉瓦尔和安德烈·格洛里以外，他们两人只能无助地看着这一切发生。而结果是显而易见的：拉斯科受难。

为了正式向公众开放拉斯科，1948年7月14日这里开始了第一次整修。男孩们进入洞窟的那个入口被扩大了，建起了楼梯，入口处设立了一道起封闭作用的铜门，四周围起了柱子和门楣。洞窟内部挖了很多沟渠，以铺设电缆和排水管道。一共有32立方米的废土被倾倒在井状坑底部。

1955年，又实施了新的工程，先是对整个电气设备进行了翻新，随后又安装了空气净化器。私人业主自然希望能够从旅游

第三章　拉斯科，死亡与重生

经营中获利。根据安德烈·勒华－古杭的估计，共有 440 立方米的沉积物未经处理就被清空遗弃！参观人数不断攀升：1953 年为 3 万人，到 1963 年总访问量已达到 85 万人次。根据拉斯科博物馆前馆长让－米歇尔·热内的计算，平均每小时访问量在 70 人[1]。由于岩洞内部狭窄，这迅速带来了空气更新不足的问题。由于二氧化碳含量大幅升高和氧气水平的下降，疾病和头疼现象随之而来，于是他们只好减少访问人数（每天 500 人），并安装了大桶生石灰来吸收二氧化碳并降低湿度。在当局强制要求下洞内安装了人工新风系统。根据格洛里神父的估算，又有 350 立方米的沉积物被清除，其中必然包含了大量考古遗物。为了让公众感到舒适，岩洞内的温度保持在 14℃，还有不间断的灯光照明。

"于是主向霍乱招手……"[2]

只有维克多·雨果才能准确描述疫气和腐化过程如何在地下蔓延开来，它们就像小恶魔一样啃咬洞壁和画作，覆盖并抹去它们。而当人们终于注意到它们的存在时，一切已经太晚了……

20 世纪 50 年代初，雅克和马塞尔报告洞壁上出现了携带着颜料颗粒的彩色水滴。1956 年 10 月，格洛里神父警告行政当局，

---

[1] Jean-Michel Geneste, 2011.

[2] Victor Hugo, « Saint Arnaud », *Les Châtiments*.

有一块覆盖着黑色颜料的墙面在夜间脱落。1957—1958 年，马塞尔在"独角兽"附近发现了一些斑点，这是第一片感染了"绿色疾病"的区域。藻类、真菌和细菌很快在这里蓬勃发展。从 1961 年起，洞穴在冬季被关闭以进行清理整修，但事实证明效果不佳。1963 年 4 月 17 日，在特别委员会的建议下，安德烈·马尔罗关闭了山洞。起初只是暂时关闭，后来在 1968 年永久关闭。人们这次下了猛药，对细菌喷洒雾化抗生素，对藻类喷洒甲醛或福尔马林。一切似乎都在控制之中。

就在此时，人们又注意到了"白色疾病"的出现，即方解石的形成，这是一种碳酸钙沉淀物，被富含二氧化碳的水溶解。独角兽逐渐开始覆上了一层薄薄的白纱。

有关部门决定重建洞穴的原始空气环境：抽出沉积在井状坑中的二氧化碳，将温度降低到 12.5℃，减少照明，1966 年，人们在洞穴内安装了冷却系统，以保持气候恒定，减少凝结，这在 7—12 月非常重要，而在 1—6 月，干燥会威胁到环境的稳定性。洞穴中安装了传感器和温度计来监测环境变化，并在必要时进行调整。洞穴再次开放参观，但只有提出正式请求并获批的少量参观者有机会入内，每周开放 5 天，每天仅限 5 人，参观限时 35 分钟。参观者必须先在含消毒剂的溶液中浸泡双脚。1972 年 1 月 3 日，拉斯科产权所属的社会组织把它捐赠给了国家，此后再也没有向公众开放过。1983 年，拉斯科二号博物馆建成，一般公众可以在那里获得慰藉。

第三章　拉斯科，死亡与重生

在1999—2000年间，"绿色疾病"再次出现。这次是否与空调设备的翻新工程有关？还是全球变暖"唤醒"了土壤中沉睡的微生物？人们对此还没有确切定论，直到今天围绕这个问题依然存在很多争议。不管怎样，一种源自细菌真菌合并感染的白色丝状物在地面不断蔓延。人们在地面撒上了生石灰。施用杀真菌剂和抗生素似乎可以缓解威胁。此时开始，人们在进入洞穴时都必须要穿上鞋套和无菌服。

接着出现了"黑色疾病"：2006年底，洞壁出现了黑斑，并逐步逼近绘画和雕刻。这些新型真菌和细菌对现有抗菌手段有抵抗力，以致人们不得不清除所有可能为这些入侵者提供营养资源的表面沉积物。国际社会的关注和争论令专家们的努力无处可施，人们要求科学家找到快速和"介质相符"的解决方案。2002年新的科学委员会成立，现任主席伊夫·科本斯（Yves Coppens）发布了平息公众忧虑的消息。拉斯科，真正的拉斯科，现在似乎正处于康复进程中。但它仍然是脆弱的。治愈还是缓解？只有未来能告诉我们……

数字革命将为洞穴带来拯救。根据2005年对洞穴进行的三维激光测量数据而开发的"拉斯科模拟器"可以在计算机上测试不同的内部规划方案对湿度和空气流通产生的影响，以模拟洞穴可能的反应。

拉斯科二号，莫妮克·佩特拉尔的杰作

1966年，国家地理研究所（IGN）通过立体摄影测量法对洞穴进行了全面勘绘，以便以毫米级精度对拉斯科进行复制重建。此前，这种方法已经应用于埃及的阿布辛贝勒神庙的转移和逐块重建。1972年，复制工作开始了。十年后，拉斯科二号于1983年7月18日向公众开放。在此期间，出于现实考虑，有关部门决定只复制公牛壁画厅和轴室。人们先用金属框架复制出整个洞穴的体积，然后分别在洞壳外部和内部表面上分别喷了两层砂浆。由于在空间中设置了精确的定位点，岩壁表面的浮凸得以细致还原。在此基础上进行精细的表面处理（抛光、铜化、方解石层）。艺术家莫妮克·佩特拉尔（Monique Peytral）随后开始了她的创作。她根据标记在原画精确的位置重现这些图像。她为每一处原画了临摹图，并经常返回洞中进行比照，力图忠实地再现画作，在模型师的协助下，她尽可能地忠实地还原原作的色彩和各方面特征。

莫妮克·佩特拉尔使用了与史前画家相同的染料：锰氧化物、赭石、铁氧化物，她也用同样的方式——用她的手指、画笔、以吹气的方法来上色。她仿佛深入到自己的最深处：我们可以感受到她的"手迹"。这就是拉斯科二号的独特之处：它不是简单的复制，而是对个人独特性的肯定，创作者与遥远的祖先有着直接亲密的交流。

第三章　拉斯科，死亡与重生

在电影《莫妮克·佩特拉尔：描绘拉斯科、描绘生命》（*Monique Peytral: peindre Lascaux, peindre la vie*）中，导演康斯坦丝·赖德（Constance Ryder）敏锐捕捉到了这位伟大艺术家的谦逊和自然，作为一个实践者，她比任何人都更生动地向你讲述拉斯科的故事，就好像一个手工匠人在向你讲述他的同事所用的方法和技巧。

抢救可以拯救的一切！

"安德烈·格洛里是个孤独的人。"布里吉特·德吕克和吉勒·德吕克[1]得出的这个结论似乎有些严厉，但无疑非常贴近事实。他总是被同事们孤立一旁，被看成是对布勒伊神父唯命是从的执行者，然而在诺贝尔·阿茹拉接替他接管拉斯科之前，他是最了解拉斯科洞窟的人。他独自为抢救那些尚可保存的东西而奋斗，作为本笃会的修士独自研究后殿中错综复杂的雕刻画。而且为了不影响白天的旅游参观，只能在晚上进行。那些和他并肩工作的年轻人中，有一些，例如阿兰·卢索（Alain Roussot）和丹尼·维亚鲁（Denis Vialou），后来成为著名的史前学家。他们被他的热情所吸引，帮助他拿着描图纸在距离洞壁几厘米的地方，甚至就贴在洞壁上工作，在那经过

---

[1] Delluc, Delluc, 2003a, p. 21.

人们一天的访问后充斥着过量二氧化碳的地下窄洞中，本就是哮喘患者的他靠在羽毛垫子上，连续几个小时一刻不停地临摹这些旧石器时代的印痕。今天，我们很难衡量他所付出的勇气和自我牺牲精神。他在1966年突然离世，令他的作品无法获得出版，也没有获得应有的认可。

1952年，安德烈·格洛里正式接受任命开始进行拉斯科雕刻品研究。他还利用这个机会对洞底进行勘探，试图寻找更早的考古地层。他清理了"回廊"，在各部分的夹缝凹陷处得到了一些发现（贝壳、薄片）。1953年9月25日，在猫科动物壁室中，他发现了一块迄今为止已知的最古老的绳子碎片，根据布勒伊神父的描述 [1]，这段绳子"长约30厘米，直径为7—8毫米，由3股绳子纽结而成"。他尽可能密切地跟踪1957—1958年的整修工程，检查工人的手推车，间或进行一些小规模的快速发掘，发现了十几个地层剖面，并让雅克·拉格朗日（Jacques Lagrange）逐一拍照留存。他采集了沉积物样本留作分析，并将3个样本保存起来。他还把收集到的几块木炭送去做了碳−14检测以测定年代。

1960年7月、1961年7—8月，他两次着手筛选洞中丢弃的土石（总量大约是960次手推车的运送量！），在此之前，这些土石一直被不加处理随意丢弃。他从中筛出了很多化石，大多来

---

[1]　Breuil, 1955, p. 194.

第三章 拉斯科，死亡与重生

工作中的安德烈·格洛里
A. 格洛里照片收藏，MNHN

自通道和后殿的地面。他在让－路易·维勒维古神父和其他几个人协助下再次发掘了井状坑，发现了一批燧石碎片和燧石做成的工具、带有炭烧痕迹的石灰石板、骨头化石、标枪、颜料等，最重要的是 1960 年 7 月 8 日出土的一盏由粉红色砂岩制成的石灯，里面还有刺柏的残留物。手柄上刻的标志与标枪头部的标志极其相似。

格洛里神父于 1963 年被驱逐出洞穴。他被指控对"绿色疾病"负有责任:"难道不是因为他整夜开着洞门?"幸运的是,安德烈·勒华-古杭的分析和报告为他洗脱了嫌疑。然而,他在 1965 年提出的恢复研究的申请依然被拒绝了。

1966 年 7 月 29 日,在热尔省,一辆汽车迎面全速撞在了墙上。车上有从西班牙回来的格洛里神父和维勒维古神父。这一悲剧性的死亡使科学界失去了两位伟大的学者。这也使安德烈·格洛里无法对自己的研究做出最终的总结综述。拉斯科,这个被诅咒的洞穴,难道又要看到它的过去一点点消失?

幸运的是,后继研究人员以锲而不舍的精神将神父的工作逐步从遗忘中拯救出来。

作为一名研究工程师,格洛里神父的所有研究档案都属于他的实验室。因此,当时的实验室主任莱昂内尔·巴鲁特(Lionel Balout)先是将所有材料封存在自己位于勒布格的家中,然后去取相关文件,并将其移交给国家自然历史博物馆,由丹尼·维亚鲁进行入库清点。可惜的是,一些考古发现和一份手稿在此期间丢失了。人们用了 30 年时间才重新找到它们……

阿莱特·勒华-古杭(Arlette Leroi-Gourhan)1958 年曾受神父委托对一些花粉进行研究,在对这些花粉进行背景分析的过

第三章 拉斯科,死亡与重生

程中,她意识到有空白需要填补。凭着耐心,她把所有的拼图碎片拼在一起,成立了一个研究小组。其成果就是她在1979年出版的著作:《无人知晓的拉斯科》(*Lascaux inconnu*),这本书是她与雅克·阿兰(Jacques Allain)博士共同完成的。所有发现的考古地层研究、工具、武器、灯具和颜料都被一一编辑整理,所有的临摹图都被仔细分类和分析。拉斯科以出人意料的面貌重现于人们眼前,将这个洞窟推向了旧石器时代艺术的顶峰。

然而探索并没有止步于此。1987年,布里吉特·德吕克和吉勒·德吕克在圣特斯市史前博物馆发现了一个沉重的柳条箱。安德烈·格洛里在最后一次旅行出发前把它交给了博物馆的馆长。里面有150张描图纸,来自神父研究过的大约15个洞穴!其中一张来自拉斯科:公牛壁画厅的一只彩绘鹿。但事情还没有结束:1998年,格洛里的姐姐将位于布格的家族房产出售。她清空了房子,计划扔掉各种物品,其中包括一些石头,她打算用它们在附近铺路或建墙。可她哪里知道,这些都是史前人制作的灯具!多亏邻居雅克·吉普鲁(Jacques Gipoulou)和副市长让·巴塔耶尔(Jean Batailler)独具慧眼,及时发现了这些考古文物。玛丽-路易丝·格洛里将所有文物和文件捐给了政府。这项研究被委托给布里吉特·德吕克和吉勒·德吕克,他们因此有幸找到了所有遗失的物品(包括一柄标枪,上面仍保留着用于将其固定在手柄上的胶合剂)和那份著名的手稿,这手稿不是别的,正是一本总结了神父所有研究工作的

看见最早的绘画

驯鹿鹿角制成的双头标枪,一半覆盖着钙化的黄色黏土壳。1958年1月15日在通道中出土,1997年,人们在格洛里的档案中再次发现了它。
照片来自布里吉特·德吕克和吉勒·德吕克。参见 Glory, 2008

专著。这两位史前学家在2008年将其与《无人知晓的拉斯科》在同一出版社、同一系列出版,以纪念逝者跨越时代为我们带来的双重遗产。

第四章
真实的拉斯科

岩洞中，1 963 个绘画形象[1]在等待着我们。

洞穴本身并不大（总长 250 米），大体上呈 Y 形。第一条轴线上主要分布着绘画作品，比较容易进入，而第二条轴线则更多是雕刻或刻画，洞穴内部也更加起伏不平。

洞穴传统上被划分为 7 部分。我们将按照从史前入口进入的顺序来逐一对它们进行描述，然后按照顺时针方向来介绍洞壁。

公牛壁画厅（圆形大厅）

这是一个巨大的椭圆形房间，长 16 米，宽 9 米，高 6 米，上

---

[1] 本书作者参考了诺贝尔·阿茹拉在 2004 年出版的壁画清单，及其对图案的识别建议。

方有一个天然的门楣,夹在黏土平台和岩石拱顶之间,上面覆盖着无瑕的白色方解石。正如安德烈·勒华-古杭所写的,"对于发现洞穴的族群来说,它肯定具有非同寻常的情感意义,但我们无法为这种情感赋予明确的形式"。[1] 无论如何,史前艺术家们在这块巨大的空白画布上散布了大量动物组群像和标志,其宏伟程度是无与伦比的,或许只有库萨克洞窟可与其相提并论。它沿着石台平行延伸出去,好似一条假想的地平线。上面有 7 头大公牛的图案,其中最大的公牛长 5.6 米。在大约 50 个抽象符号中,诺贝尔·阿茹拉总共统计出 17 匹马、11 头牛(原牛和野牛)、6 只鹿、1 只熊和 1 个想象的动物(独角兽)。

在左侧的岩壁上,迎面就会看到一匹黑色的、几乎模糊不清的马首望向游客。然后,转向洞室的深处,会看到"独角兽"。这是一只想象虚构的动物,由不同物种的元素组合而成,头上有两个古怪的角状物(也有可能是第二头大公牛的尾巴末端)。在各种天马行空的阐释中,人们似乎对头部和方嘴显示出的猫科动物特征达成了共识。至于其他部分,有人认为后腿看起来像是人的腿。隆起的背部和肚腹被认为是犀牛、熊或驯鹿的身体。皮毛上的圆圈可能是(豹子身上的)眼状斑,或者像艺术史学家乔治·沙里埃尔(Georges Charrière)所说的,是一种在高山上比较常见的蝴蝶阿波罗绢蝶(Parnassius

---

[1] Leroi-Gourhan, 1984, p. 200.

apollo）翅膀上的纹饰[1]！

这是不是一个乔装打扮的人，比如说，一个披着斗篷的猎人，以此接近他的猎物而不被发现？还是一个多多少少与豹子有些相似的动物？艺术家是否想表现一个正在施法的萨满，通过外形变化进入神灵的世界？勒内·夏尔在诗中描述的"眼中充满泪水的智慧女神"[2]将在未来很长一段时间内继续保守它的秘密。丹尼·托克斯（Denis Tauxe）对它的解读似乎最为明智[3]。在他看来，这种动物象征性地总结了在洞穴的其他地方发现的各类图案：猫科动物壁室里的狮子，井状坑里的人和犀牛等。这些部分之间似乎存在着重要联系，表明地下壁画群的整体是经过有意识的构图和布局的。诺贝尔·阿茹拉[4]则指出，艺术家在创作的时候故意模糊了这个动物的身份。在他看来，这是刻意的隐瞒，我们在其他猫科动物和熊的身上也可以看到这种手法。在这个神秘生物的腹部还可以看到两匹马，以简单的红色剪影出现。

在独角兽的前面，可以看到第一头大公牛硕大的头颅，画的一部分已经随着岩壁的脱落而剥落了。紧随其后的是八匹黑马，其中几匹飞奔的骏马细节十分详尽，还有几匹呈现为抽象的剪

---

[1] Charrière, 1970.
[2] 《无名的野兽》，收入诗集《岩壁与草原》。
[3] Tauxe, 2007 ; Chassain, Tauxe, 2016.
[4] Aujoulat, 2004.

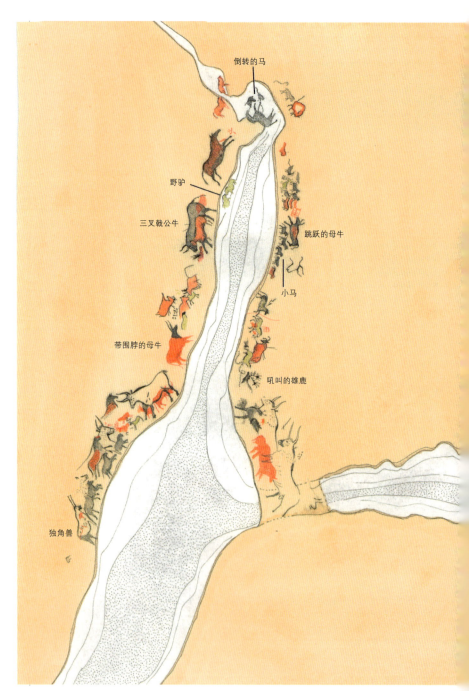

洞穴平面图与主要壁画。
地形勘绘：克劳德·巴塞尔
水彩画：让－克劳德·戈尔文

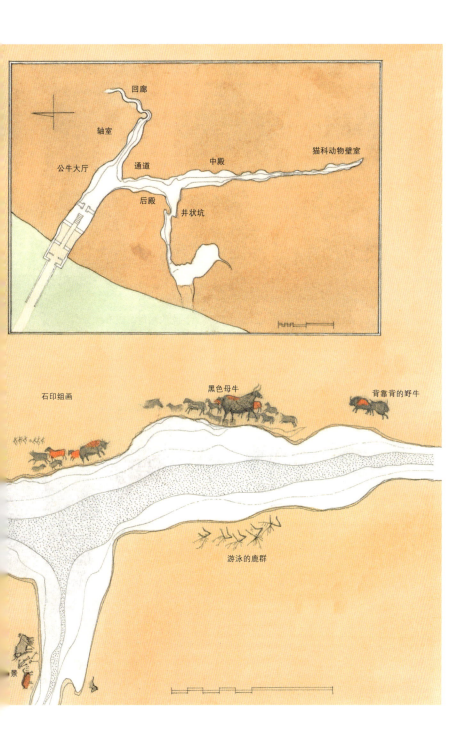

看见最早的绘画

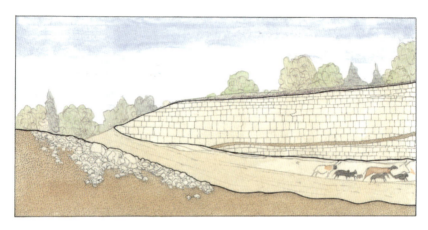

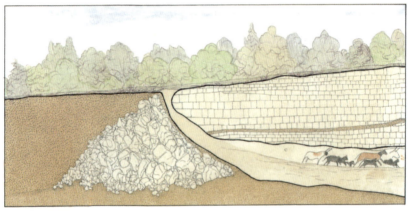

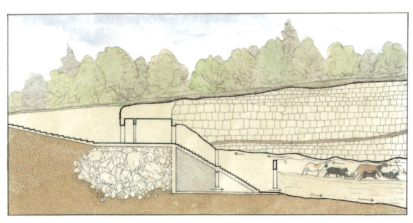

影。在它们上方,一匹巨大的双色马(红/黑)也在向洞窟深处飞奔。它有两个头,一个是黑色的,另一个是红色的,带有黑色面颊。这是有意的设置,还是艺术家以此暗示马的头部在运动中产生的位移?

接下来是第二头和第三头大公牛(分别长3.5米和3米)。它们面对面,中间框着一匹棕黑相间的马的半身像,这匹马是在公牛之前画的,所以它们围绕着马的轮廓丝毫不曾僭越。第二头大公牛的头部和肩部用红色勾勒。这些不是草图:诺贝尔·阿茹拉证明了它们是在黑色轮廓之后绘制的。这头公牛没有后肢;后肢的位置被一群小黑马占据。在第三头大公牛的腹部和它的下腹、后腿后面,有一头红色的牛(看上去像是原牛和野牛的复合体)、一头小牛的半身像和一匹小黑马。五只鹿在它的前蹄和它对面的空隙中奔跑,全部朝向山洞的出口。这并非一个鹿群(母鹿在哪里?),没有任何现实的描绘,而是一群动物象征式的累积,其中一些还利用了岩壁的浮凸制造出浮雕效果。一片凸起的岩壁可能构成一只鹿身体的局部,或另一只的鹿角。

接下来是右侧的岩壁。这里有两头大公牛,互相跟随着向洞底走去。第四只(长3.5米)似乎正要起舞,它的后腿被第五只

◐ 创作壁画期间的入口、1940年入口、当前的入口,洞穴入口、碎石堆和公牛壁画厅位置的演变假设。
水彩画:让－克劳德·戈尔文

看见最早的绘画

公牛壁画厅，全貌。
摄影：诺贝尔·阿茹拉—国家史前文物中心—MCC

第四章　真实的拉斯科

独角兽。其腹部有两匹红色的马（一匹是简单的剪影，另一匹是纯色块），朝向右边（洞穴底部）。
摄影：诺贝尔·阿茹拉—国家史前文物中心—MCC

看见最早的绘画

公牛壁画厅。左侧洞壁。从左到右:独角兽、七匹黑马、第一头大公牛(被一片脱落的岩壁破坏,只能从仅剩的部分推测出它的耳朵和嘴的位置)、一匹双头双色大马(红色/黑色)、第二头和第三头大公牛,它们之间有一个大的马首和四只飞奔的雄鹿。在第三头大公牛的胸前,有一个身份不明的红色动物(野牛或原牛?),以及一头小牛的半身线描和一匹黑马。在右侧岩壁上方可以看到第四头大公牛头部的开始。请注意动物形象周围的抽象符号,特别是第二只、第三只大公牛左前腿旁边红色和黑色的点。

摄影:诺贝尔·阿茹拉—国家史前文物中心—MCC

第四章　真实的拉斯科

看见最早的绘画

公牛壁画厅。右侧洞壁。从左到右：第四头大公牛，它的侧面画着一只黑鹿和一匹三色马，还有一只黑熊藏在它腹部褶皱里。紧随其后的是第五头大公牛，它的蹄子被一头红色的母牛覆盖了，母牛似乎在跟随它的小牛。在母牛的头部后面，依稀可以看出第七头大牛的角的轮廓，而在它的下巴下方出现了一匹黄马的草图。最右方受损的图像是第六头大公牛的头部。请注意周边的抽象符号。
摄影：诺贝尔·阿茹拉—国家史前文物中心—MCC

第四章 真实的拉斯科

遮盖，第五只是其中最大的公牛，长 5.6 米。在它后面有一个斑驳不清的形象，正向着出口眺望，这是第六只公牛的半身像。在第四只公牛的前蹄下方，一匹黑马在向着轴室奔跑，而另一匹三色马（黑、黄、红）在向出口飞奔，可惜它的头部已随岩壁脱落。一只鹿从它胸前划过，它的嘴被一条红线刺穿。细心的游客能看到隐藏在腹部轮廓中的一只熊，转身向着入口处，其头部残留的部分清晰可辨，熊的口鼻处恰好利用岩石浮凸描画出来，耳朵，然后是肩部、圆滚滚的臀部和后爪。最后，也是向着入口的方向，一头红牛似乎正带着她身后的小牛在奔跑，小牛的头消失在她臀部的轮廓中，似乎是为了制造深度的错觉。诺贝尔·阿茹拉说，她的头颅占据了原本处在这一位置的第七头大公牛的头颅，现在我们只能看到这头公牛的角。它的下巴下方还可以看到一匹黄马的模糊剪影。

这些动物周围飘浮着一些抽象符号。其中最引人注目的是一些由黑点和红点构成的线条，还有左侧岩壁上，在第二只和第三只大公牛之间有一个奇怪的反转对称。每只公牛的前蹄旁边都有一个点。不过第二只旁边的点是红色的，是通过吹染颜料获得的，而第三只旁边的点则是黑色的，而且是印上去的。发现这一呼应的丹尼·托克斯在轴室中也发现了野牛—前蹄—点—地平线的关联。[1]

---

[1] Tauxe, 1999 ; 2004.

轴室。从长廊底部看第二部分的全貌。
摄影：让-米歇尔·热内—国家史前文物中心—MCC

轴室

轴室长18米，最宽4米，高3—4米，是主厅的延伸，构成了Y形洞穴的第一个分支。它的断面图好似一个"钥匙孔"，引导参观者进入一个笔直向前的岩缝[1]，然后展开为略微外扩的斜长岩洞，到达一个小的狭窄通道（回廊），最终到达底部的终点。在这里，动物的形象同样沿着白色细长方解石次第排开，并以黏土台和拱顶为框架，把它们包围其中，"西斯廷教堂"的绰号即由此得名，进而成为整个洞穴的代称。

迄今为止，人们在轴室中已经辨认出58只动物、35个符号和97个尚未确定意义的印记。

我们首先来看第一部分，也就是直线部分。左右两侧的墙壁相互呼应、融会一体。这里有面对面的两组各3匹马（每组1.3—1.4米长），向各自相反的方向飞奔：左边的马朝向洞底，右边的马奔向出口。这些就是布勒伊神父命名的著名的"中国马"，因为它们与中国唐朝时期的彩绘马有些相似。其中最著名也最漂亮的，是右侧岩壁上的马群，它们保存得最为完好。其中朝洞底奔跑的马群中的第一匹马还连着一个奇怪的符号，一个由黑点组成的复杂的阿拉伯式图案。马的前腿似乎是由这个符号的一部分构成的，就好像马在触及这个符号的时候被它

---

[1] 岩石上不断拓宽的裂缝，可以增长形成大的走廊。

第四章 真实的拉斯科

"像素化"了一样。

一组红色母牛在马匹旁边嬉戏。在入口左侧的岩壁上,一头2.8米高的黑领母牛走在马群前面(我们会在后面详细介绍)。随后是两头并排的母牛(1.65米和2.4米),按照丹尼·维亚鲁的说法[1],它们"像扑克牌一样"排列,即头对头、脚对脚。在两个牛头之间的自由空间里,位于拱顶中心的位置有一个不太明显的黄马的半身像。一头2.87米的红色大母牛穿过拱顶,连接两面岩壁,完成了整个构图。它的头连着小黄马,就像一个支点,牛群就围绕着这个假想轴旋转。牛身上显示出修改的迹象,说明艺术家不得不来回几次修改,寻找构图所需的最佳位置和尺寸。

最后,让我们看向入口右侧的岩壁,这里有一只雄鹿,它眼睛的中心是一个黑点,四周被代表角膜的颜色包裹,非常有表现力,显示出强有力的凝视,直至今日仍摄人魂魄。雄鹿的重心落在前腿上,用一片凸起的岩壁表现出来,似乎正要吼叫或打个响鼻。一团红色的颜料笼罩着它的嘴。下方连着一行黑点,一个黑色的四边形标志和一匹红马的草图。在丹尼·托克斯看来,这五个图形构成了一个完整构图,绝非随意安排。

---

[1] Denis Vialou, 2003.

看见最早的绘画

轴室 第一部分。右侧岩壁。从右到左:第二匹和第三匹"中国马"。
摄影:让-米歇尔·热内—国家史前文物中心—MCC

第四章　真实的拉斯科

轴室 第一部分。右侧岩壁。从右到左：第一匹"中国马"的前腿似乎变成了一排小点、两头像扑克牌一样颠倒对称排列的黑头红身母牛、第二匹"中国马"。在两个牛头之间，有一个用黄橙色画笔精细绘制的马头，不过在照片上较难辨认出来。请注意第一匹"中国马"的后腿下方有一匹黑马的模糊轮廓，以及岩壁上点缀的抽象符号。

摄影：让－米歇尔·热内—国家史前文物中心—MCC

看见最早的绘画

轴室 第一部分。右侧岩壁。第一匹"中国马",细节。
© 诺贝尔·阿茹拉—国家史前文物中心—MCC

第四章 真实的拉斯科

左侧岩壁上的红色母牛肚子下面有一匹小黑马。周围散落着一些四边形和带刺的符号,还有一些让人联想到标枪和箭羽的标志围绕在右侧岩壁上第二匹中国马的四周。

轴室的第二部分更加宽阔,形成一个小的椭圆形厅。在这里,岩壁上的装饰也是左右相对的。这是对原牛—马的象征力量的华丽展示,安德烈·勒华-古杭对此印象极为深刻,并以此为基础建立了他的理论。

在左侧岩壁上,有一头巨大的黑色公牛,也叫"三叉戟牛",因为它前面刚好有一个黑色三叉戟标志,下面是显露雏形的一匹黄马。这头惊人的巨牛处于岩壁凹陷处,高达 3.71 米,下方覆盖着两头红色母牛和四头黄色公牛的头部,这些牛,包括三叉戟牛在内,都在看向主厅的方向。据诺贝尔·阿茹拉说,巨牛平坦的黑色皮毛中间被刻意留空,以便让人看到后面的动物。其他的黑色形象虽然不是很清晰,但也可以依稀分辨出:一匹没有头的马和一只可能是山羊的动物,朝向洞底。丹尼·托克斯注意到,三叉戟公牛的右蹄旁也有一个黑点,这呼应了公牛壁画厅左壁上已经出现过的原牛—前蹄—点—地平线的关联。

在岩壁墙脊的另一边,一匹 2.19 米长的马似乎正朝着与公牛相反的方向跑去。它连接着一个大的十字形标志。在画面下方的窄带部分,有三匹黄马:一匹非常简明,另外两匹面对面。

第四章 真实的拉斯科

● 轴室 第一部分。右侧岩壁。拱穹。三头红色母牛围绕着一个黄橙色的马头,如今已经很难辨识其痕迹。注意红色母牛前胸位置可能的修改痕迹。
摄影:让-米歇尔·热内—国家史前文物中心—MCC

右边这匹马耳朵很大,尾巴又长又窄,被戏称为"野驴"。这无疑是一种欧洲野驴,在洞窟艺术中时常能看到。在这一组图的右边有几条黑线,诺贝尔·阿茹拉建议把它看成是一只猫科动物的四分之三侧脸,仿佛画家只用最少的线条勾勒出要素,令图像处于可识别的极限。

右侧岩壁上,是"跳跃的牛"、也叫"坠落的牛"壁画,由20个动物形象和3个抽象符号、外加29个不确定的痕迹组成。一头红黑相间、后腿姿势奇怪的大母牛与一个大的红色方形标志连在一起。这头牛位置显著,吸引着人们的目光,是整个画面的"视觉重心",正如丹尼·维亚鲁所做的分析,他为此还专门写了一本小书,对这幅画作了详细解读[1]。他指出,母牛与标志一起,同时构成了"作品的对称中心和重心"。下方一排排马匹因为体积娇小而被昵称为"小马",混杂着红色、黄色、黑色或斑点等不同颜色。它们的四肢

---

[1] Vialou, 2003.

看见最早的绘画

轴室 第一部分。右侧岩壁。似乎正在吼叫的雄鹿,岩石的凸起表现出它即将折起的前蹄。在它下面,有一个四角形标志和一行黑点,以及一个黑色马头的草图和一个红色斑点。右边是一匹有三条腿的黑马。
摄影:诺贝尔·阿茹拉—国家史前文物中心—MCC

第四章　真实的拉斯科

轴室 第二部分。左侧岩壁。"三叉戟公牛"壁画。从左到右:"三叉戟",一匹黄马,大公牛,其胸前可以依稀看到两头红色母牛和四头黄色公牛的头。注意与右前腿的蹄子相连的黑点。
摄影:诺贝尔·阿茹拉—国家史前文物中心—MCC

有意地避免相互触及，也避免触碰到母牛的四肢，这就使我们看到其中一匹"小马"的头部、下一匹"小马"的尾巴和牛的右后腿奇妙地交错在一起。"构图的交叉对称性建立在两个层面上：整体的交叉对称和成对马匹的交叉对称，例如行走的马与对面的静止马匹的对照。"[1] 在诺贝尔·阿茹拉看来，母牛的右后腿的扭曲是艺术家有意为之，为了不让下面的"小马"负担过重。而丹尼·维亚鲁的观点与此相反，母牛的创作在先、后腿的扭曲也是故意的。此外，应该注意到，它的左后腿也是扭曲的。这与前腿"漂浮"着的双蹄放在一起，让人感觉母牛在"跳跃"或"坠落"。又或者，弗朗索瓦兹·苏贝兰[2]提出，这可能是描绘一具被扔在地上的尸体或一只垂死的动物在痛苦抽搐中扭曲？上方，一个巨大的黑色牛头（1.2米）望向主厅，遥遥在上地统领着整个构图。最后，是两只面对面的山羊，一只黑色，另一只黄色，被另一个红色的四边形标志隔开；一匹小红马似乎正在从第二只山羊的肚子里钻出来，还有另外三只，分别是红色和黄色的简单剪影，仿佛正在从岩壁上挣脱出来，进入画中。丹尼·维亚鲁指出："这个对映对称构图结构让我们得以随着作品的展开和各部分位置进行渐进式阅读：参观者首先遇到的是正在离开的马匹，然后以正在暗中返回的马匹结束他的旅程……这是整个构图的最后一个组成部

---

[1] Vialou, p. 6.
[2] Françoise Soubeyran, 1991.

分,显然把充分理解整个画面所需的时间也考虑在内了。"[1]

轴室在一个直角拐弯处结束,此处剖面图显示其内部十分蜿蜒,其中隐藏了坠落的马壁画。壁画上一共有四匹马:一匹黑马的半身像和三匹杂色马,其中就包括了那匹著名的倒转的马,人们对此的讨论和著述层出不穷。这幅壁画有 2.15 米长,围绕在一根石柱四周,似乎慢慢沉入后面徐徐展开的回廊。人们无法看到它的全貌:参观者不能同时看到前面和后面。就连艺术家自己也无法做到。不过,我曾在真正的洞穴中测量了这幅壁画的原始图像,可以向你们保证,它的比例是完全正确的!创作这幅画的人是一个真正的大师,能够让图画的延展充分适应三维空间表面。两组高 2.4 米、巨大的竖直红色树状线条布满了整个画面。转过身就可以站在原地将整个画面一览无遗。一个有趣的细节是,嘶吼的鹿下方的黑点连成的线和第五头大公牛相连的线似乎在视觉上连接起来,形成一条连续的点状线。这是故意为之,还是仅仅为视觉错觉?

在回廊中,我们可以看到三只动物——一头野牛和两匹马——朝向洞穴入口的方向,还有一些其他符号,包括一个红色的十字。

---

[1] Vialou, 2003, p. 7.

看见最早的绘画

轴室 第二部分。右侧岩壁。两只山羊面对面,中间是一个大的四边形标志,旁边有几匹马。

摄影:诺贝尔·阿茹拉—国家史前文物中心—MCC

第四章　真实的拉斯科

轴室 第二部分。左侧岩壁。"野驴"壁画，与左边一匹马的轮廓相接，右边是一匹黄马的草图。
摄影：让－米歇尔·热内—国家史前文物中心—MCC

看见最早的绘画

轴室 第二部分。右侧岩壁。"跳跃的牛"壁画,母牛似乎正在向着一个大的四边形标志移动。下面是"小马"群像中的前两匹马。
摄影:诺贝尔·阿茹拉—国家史前文物中心—MCC

第四章　真实的拉斯科

轴室 第二部分。右侧岩壁。"跳跃的牛"壁画，"小马"群像的细节。
摄影：诺贝尔·阿茹拉——国家史前文物中心——MCC

轴室 第二部分。在深处的岩壁上可以看到"倒转的马"。
摄影：让－米歇尔·热内—国家史前文物中心—MCC

轴室 第二部分。岩壁底部"倒转的马"壁画。
摄影：诺贝尔·阿茹拉—国家史前文物中心—MCC

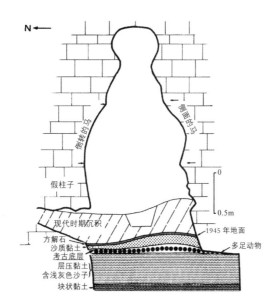

轴室 底部横断面。虚线表示考古地层。
绘图：安德烈·格洛里。见 Leroi-Gourhan, Allain, 1979 年

通道

现在让我们回到公牛壁画厅，探索 Y 字形洞穴的第二条路线。这条洞穴长 15 米，宽 2—4 米，拱顶的高度在改造之前约为 1 米。由于洞穴支撑物严重变形，使得这里的绘画作品几乎没有得到保护，大部分都只剩残迹。这里的绘画、雕刻和雕刻画加起来共有 221 只动物，包括 158 匹马、17 头野牛、10 头山羊和 4 头鹿，以及 57 个符号。马在这里占据了主导地位，与彩绘区的一牛独大形成鲜明对比。方解石的缺失导致了技术上的

第四章 真实的拉斯科

通道 左侧岩壁。"大胡子马"。
摄影：诺贝尔·阿茹拉—国家史前文物中心—MCC

通道。马群雕刻和雕刻—绘画局部。
安德烈·格洛里临摹

改变：出现了雕刻作品，有时作为对绘画的强化或补充。值得注意的是一匹非常漂亮的"大胡子马"。丹尼·托克斯认为，"它位于通道和中殿之间的拐角处，两面岩壁将它的轮廓分成两部分，似乎在表明它同时属于这两个空间"。[1]

---

[1] Chassain, Tauxe, 2016, p. 53.

第四章　真实的拉斯科

后殿

在这个直径 5 米、高 3.5 米的空间里,装饰有一千多幅精美的雕刻作品。它就像一方影院的幕布,将我们包裹起来。在旧石器时代,这些雕刻看上去会是白色线条,再加上色彩强化,视觉冲击力一定很强。今天,我们打眼看上去只能识别出一些彩色斑点。不过只要稍微调整灯光的角度,低角度平照过去,就会看到混杂在一起的各种形象,好像突然出现的一大团攒动的昆虫、马、山羊、原牛、各种符号……大多数形象仿佛是有生命的,带着困兽之姿,仿佛被围困于兽栏中一样紧张焦虑。随后,我们会想起,这些今天看上去斑驳陆离的刻痕,曾经是一尘不染的白色,上面的颜色也华丽夺目。这时,我们就像在天文馆一样躺下做梦。那里究竟发生了什么?

人们因此对格洛里神父的工作产生了深深的敬意,是他成功地破译了这本神秘之书:125 匹马、39 头牛、70 头鹿、17 只山羊和大约 377 个符号。"在后殿中,对所有动物物种的描绘都达到了其最高水平,只有那些可识别的'危险'动物被排除在外。各种类型的符号也是如此。其中还包括一些其他地方从未发现过的符号,如棍棒(大头棒形)标志。除了栩栩如生的动物图案之外,还有一些简略的动物形象和一些难以理解的轮廓",丹尼·托克斯如是说 [1]。

---

[1]　Chassain, Tauxe, 2016, p. 56.

通道。雕刻—绘画的骏马图。
安德烈·格洛里临摹

格洛里神父注意到,从天花板到地面,洞壁上的壁画可以分为三个序列,每个序列都由一个物种占主导地位:马;鹿(包括洞内唯一的驯鹿);然后是牛。几头大野牛占据着北墙,与南墙的大野牛遥相呼应。天花板则被两个面对面相峙的大型动物所占领:一匹长 2.5 米的大黄马,和一匹长 1.9 米的大红马。在两者之间,有一个大原牛的半身像。这个构图的功能有点像和主厅左侧岩壁上的一对倒置对应,两头大公牛框住了中间大原牛的半身像。

第四章　真实的拉斯科

井状坑

后殿中的雕刻在通往井状坑的入口处逐步增多。这是一个约 5 米高的裂缝，1940 年，拉斯科的发现者们沿着一根简单的绳子下到井下。这是不是史前人类通过的路径？诺贝尔·阿茹拉不这样认为。拉斯科洞窟本来应该有第二个入口，只是现在被填平了，通过那里可以更轻易地进入井状坑（也就是著名的"场景"所在地）。这可能需要使用适当的设备（梯子？）。当年马塞尔·拉维达为了从后殿下到井状坑，不得不"把非常松散的、几乎是粉末状的地面挖低约 15 厘米"[1]，以便扩大通道。此外，由于地形原因，这里无法使用绳子或鹦鹉梯。因此可以推断，在旧石器时代，这里有"两个拉斯科"，这也可以解释为什么井状坑"场景"的绘画风格非常特别，与洞穴其他部分的作品形成鲜明对比。

在一侧岩壁上，有一组黑色壁画：一头犀牛，分别由三个点组成的两条水平线，一头野牛，一个半兽人（théranthrope，半人半兽，这里是一个鸟头人身的形象），一个由不连贯的短线组成的符号，还有一只鸟栖息在木桩上。野牛的肚腹被标枪刺穿，内脏都流了出来。它低着头，似乎正在袭击半兽人，而半兽人仰面倒下，勃起的性器官直立着。犀牛转身离开。在对面的岩壁上，有一匹黑马的半身像。传统上，人们把这个组合

---

[1] Aujoulat, 2004, p. 41. 1992 年 1 月 3 日对马塞尔·拉维达做的现场采访。

井状坑"场景"。全貌及细节图。
摄影：诺贝尔·阿茹拉—国家史前文物中心—MCC

看作是一个叙事性的"场景"。把符号看作是投掷器，半兽人借助它，或者在栖息在木桩上的鸟的帮助下，投出了标枪。布勒伊神父认为它描绘了一场狩猎事故，受害者很有可能就埋葬在壁画之下。经过一番快速的搜索，人们证明了这一假说不成立。还有人认为这是萨满仪式上的变身，半兽人就是变身中的萨满，他死后将以这样的形象进入神灵的世界，这让人想起让·科克托（Jean Cocteau）《奥菲斯的遗嘱》（*Testament d'Orphée*）中的著名场景，诗人被密涅瓦的长矛刺穿之后，突然站起身来，目光凝视远方，就这样走入了神话。[1]

---

[1] 此外，让·科克托在创作时有可能就想到了这一场景。

在最近出版的一本书中，让－洛伊克·勒凯莱克整理了所有由这幅壁画引发的推测、其中不乏一些牵强附会的解释[1]。我们来看看两种有些恶搞的观点：一个来自让·鲁奥，他认为创作者画这个"场景"是为了得到部落首领的头颅[2]；另一个来自皮埃尔－伊夫·德玛尔，他认为这是一位叫作鹰眼的英雄被受伤的野牛和不知廉耻的犀牛谋杀的经过[3]！让我们还是先介绍一下比较确定的，或者至少比较靠谱的分析吧。

首先，犀牛并非"场景"的一部分：对不同位置所用的颜料的分析表明，绘制犀牛所用的颜料与其他图像使用的颜料不一样。[4]因此，犀牛很有可能是后来添加的。而且，它与洞内展现的动物群落不吻合，这里展示的动物大部分来自气候更为温和的区域。在拉斯科壁画中，我们也看不到猛犸象。就算有犀牛，那也是一头森林犀牛，而不是对气候变化耐受度更高的毛犀牛[5]。此外，对颜料的鉴定还表明，对面岩壁上的马、野牛和半兽人是用同样的"颜料罐"绘制的。在洞窟艺术里，各个岩壁之间、洞穴各个部分之间的创作都经常是有联系的。

---

[1] Jean-Loïc Le Quellec, 2017.

[2] Jean Rouaud, 1996.

[3] Pierre-Yves Demars, 2016.

[4] Aujoulat et al., 2003.

[5] Soubeyran, 1991, 1995.

第四章 真实的拉斯科

两条平行的三点连线让人联想到猫科动物壁室中的红色线条。即使创作者通过另一个入口进入井状坑，洞穴内的装饰也显示出了某种整体统一性。

安德烈·勒华－古杭发现，艺术家可能最先画好了半兽人。在画野牛的时候，他从身体开始，然后发现没有足够的空间。他因此不得不在一个较小的空间里画出头部，这解释了头部不自然的倾斜，给人一种动物在冲锋陷阵的感觉，这或许并不是他想要表达的效果。此外，弗朗索瓦·苏贝兰还指出，受伤的野牛不会冲锋陷阵，尤其是在它肠穿肚破的情况下。诚然，艺术并不总是对现实的忠实复制，但史前艺术家已经证明了他们准确观察和再现动物行为的高超水准。这样的错误对他们来说是不可思议的。

不要忘了，我们面前的图像是一个象征性的结构，其中具象和抽象的元素被结合起来，以表达一个想法、一个神话或一种思想，而不一定是为了讲故事[1]。

---

[1] 在莫里斯·布朗肖看来，这一"场景"是"第一幅绘画作品上的第一个签名，创作者在角落里谦虚地留下自己的印记，那胆怯惶恐、却又无法抹去的印痕，让它第一次在他的作品中诞生，但他也因此感到严重的威胁，或许已经受到了死亡的打击"（Blanchot, 1972, p. 20）。

中殿全景。左侧,据推测是"黑色母牛图",接下来是"背靠背的野牛",右侧是"游鹿"。
摄影:诺贝尔·阿茹拉—国家史前文物中心—MCC

看见最早的绘画

中殿

这里宽大陡峭的走廊长 12 米, 宽 2.5—5.5 米, 高 2.4—6 米。人们在这里一共清点出 50 只动物和 24 个符号。艺术家们在大型组图之间留下了一些没有装饰的空间——我建议称之为"图像间歇"——长度在 1.5—7 米。右侧岩壁上只有鹿群和一匹小马。我们可以把它们分为 5 组:

野山羊群组(左侧岩壁)

在 1.2 米长的岩壁上,有 7 个描画、雕刻出来的山羊头像,似乎正在走向洞穴的出口。它们分为两组,中间以一个四边形

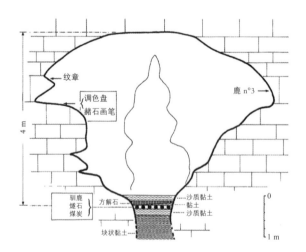

中殿 横截面,与鹿群中的第三只鹿(右侧)和"黑色母牛"壁画的一个纹章(左侧)垂直截面。考古地层的位置和发现的物品。安德烈·格洛里绘。转引自 Leroi-Gourhan, Allain, 1979 年

第四章 真实的拉斯科

标志作为分界,跟轴室中的标志类似。左边一组是 4 只棕色山羊;右边的一组是 3 只红色的山羊。在最右侧,1 只母鹿正抬头望向长廊的深处。

石印组画(左侧岩壁)

这组画有 4 米多长,就在前一组的下方,贴近地面,必须弯下腰才能看清。画中有 9 匹马(除了 1 匹)朝向出口,3 头交叠在一起的野牛,其中一个后臀和一个头部跟一个长 1.4 米的完整野牛连在了一起,后者朝向洞穴深处,就像一幅埃皮纳勒石印版画。

这些画是双色(棕色/黑色)的,并且经过雕刻。动物们栩栩如生,似乎正在奔跑。与它们相连的还有一些标志,有些是四边形,有些是带刺或带钩的棍子,这些符号覆盖了马群和那头主要的野牛身体的一部分,有人因此认为此处描绘了一个狩猎的场景,动物们在雨点一样洒落的标枪棍棒之下仓皇飞奔。

石印组画。一头"中箭"的野牛,还有一个牛头和一段后肢与它重叠。
临摹:安德烈·格洛里。电脑制图:罗曼·皮吉奥

089

看见最早的绘画

通道 左侧岩壁。石印组画全景及细节(下页图)。右侧,"中箭"的野牛。
摄影:诺贝尔·阿茹拉—国家史前文物中心—MCC

第四章　真实的拉斯科

看见最早的绘画

黑色母牛壁画（左侧岩壁）

这是一幅极为复杂的作品，水平长度在 7 米以上，并且这一段洞穴地面倾斜幅度很大。这个坡度肯定给旧石器时代艺术家的创作带来了额外的困难，直至今日我们依然赞叹于他们精湛的技术。在这里艺术家使用了绘画并辅以简单雕刻，表现了 20 多匹马、1 个山羊头和 2 只山羊角，兽群正朝着洞穴入口缓缓走去。一头身长 2.15 米的巨大黑色母牛挡住了兽群的一部分。它似乎踩在 3 个彩色的四边形标志上，其中一个被它的尾巴盖住了。现在人们习惯于称它们为"纹章"（blasons），这些纹章是彩色的，每个方格都涂上了不同的颜色，其中一种淡紫色不管是在拉斯科还是所有其他旧石器时代的艺术中都罕见。

中殿 左侧岩壁。黑色母牛壁画，注意母牛后腿踩着的那些"纹章"。
摄影：诺贝尔·阿茹拉—国家史前文物中心—MCC

第四章 真实的拉斯科

背靠背的野牛（左侧岩壁）

画中的两头 2.4 米长的黑色雄性野牛正擦身而过。它们的后臀重叠在一起，但左边野牛大腿处的留白使它在空间中更为突出、易于辨认，并表明它处在前景之中，以此创造出空间深度感。这头野牛的皮毛上有一个红色的斑点，可能代表着冬季被毛的残余，在春季换毛时，会缓慢脱落。这个细节以及构图使一些史前学家认为这幅图描绘了一个发情的场景：两只雄性动物正在拉开彼此距离，准备迎战对方，以征服雌性，虽然后者并没有出现在画面之中。这给了我们一个季节性的提示，这一观点印证了诺贝尔·阿茹拉的理论，我们将在下文具体介绍。

中殿 左侧岩壁。背靠背的野牛。注意腿部的留白，用以表示连续的画面。在左侧动物的背部，红色的平坦区域可能代表春季换毛期间尚未完全脱落的冬季被毛残余。
摄影：诺贝尔·阿茹拉—国家史前文物中心—MCC

看见最早的绘画

游泳的鹿群（右侧岩壁）

这是右侧岩壁上唯一的装饰，也是拉斯科最著名的壁画之一。此处共有 5 只鹿的半身像，每个都有 1 米高，面向洞穴深处，鹿群下面还叠加了一个黄褐色的马的草图，并连接着一排红点。左边的 4 个鹿头是用黑色颜料画的，但右边的第 5 个头像是用黏土画的。它的后面刻着一个背脊的草图。传统的解释是图中的鹿群正在渡河。下方粗糙起伏的岩壁确实营造出波涛汹涌的感觉，仿佛能看到波浪和漩涡。然而这可能只是现代游客的想象，他们把自己的遐想投射在史前壁画之中。

中殿 右侧岩壁。游鹿壁画。在右起第二只鹿的鹿角上，有一排红点和一匹双色马的轮廓。
摄影：诺贝尔·阿茹拉—国家史前文物中心—MCC

第四章　真实的拉斯科

猫科动物壁室

这是一个长约 25 米、宽 1 米的狭窄隧道，非常难以进入，必须爬行前进。人们在这里发现了 51 种动物，其中已确定的物种包括 29 匹马（其中 1 匹从正面描绘）、6 只猫科动物、9 头野牛、3 只鹿和 4 只山羊等，其他的仍未确定。丹尼·托克斯指出："洞壁上明显的起伏自然地将动物分为几组，每组都有着特殊的情境，无论是从个体数量还是尺寸来看，都对应着一个特定的动物主题。"[1]

这些猫科动物要么单独出现、要么成群结队，要么在奔跑，要么在互相嗅着对方。虽然画法非常风格化，但我们可以通过某些解剖学特征清楚地识别它们，如耳朵和嘴的形状、尾巴和生殖器官等。在其中一幅画里，一只猫科动物看上去正在撒尿（可以看到从肛门流出的线条），似乎是为了标记其领土。它的嘴里冒出一组平行线：究竟是在表现呼吸，吐出另一只受伤的动物的血；还是像诺贝尔·阿茹拉说的那样，"是比喻它正在咆哮"[2]？这些猫科动物身上也有钩线：是狩猎的武器落在它们身旁？又或者是另一种我们已永远无法揭示其意义的抽象符号？

在这一部分的最后，又出现了两道由 3 个红点组成的水平线，

---

[1]　Chassain, Tauxe, 2016, p. 61.

[2]　Aujoulat, 2004, p. 183.

看见最早的绘画

猫科动物壁室 狮子的上半身。
摄影：诺贝尔·阿茹拉—国家史前文物中心—MCC

猫科动物壁室 两只面对面的狮子。（右边的）一只似乎正在排尿，并且口吐鲜血（或者口中线条代表的是它的呼吸？）两只动物似乎都已"中箭"。
临摹图：安德烈·格洛里

与井状坑"场景"中出现过的线条相呼应。这让我们再次看到，这个洞穴是经过精心考察和设计的，这些壁画即使在空间上相距甚远，也依然相互呼应，处在同一个图形系统中。

拉斯科是经过审慎思考的。

第四章 真实的拉斯科

创作"黑领母牛"的场景。轴室。左侧岩壁。第一部分。虚构的场景重现。

水彩画：让-克劳德·戈尔文

第五章
拉斯科，艺术家之作

完成这些洞穴岩壁装饰的是真正当之无愧的艺术家。

有一点值得说明：在现代语境里，艺术家往往指的是一些特殊的个人，他们被赋予了某种天赋和某种看待世界的特殊视角。而在这里，我所说的艺术家更接近于古代的工匠：一个掌握了某种技术的人，他根据指令进行创作、遵循一套既定的规则——比如尊重某些图形符号，正如我们将在拉斯科壁画中看到的[1]。但这并不妨碍他在创作过程中拥有某种程度上的自由，一种有限的自由：在旧石器时代，还没有"被诅咒的艺术家"这一说。一个人怎么可能形单影只、整日思考，还能在野兽的爪牙之下幸运维生？在史前时代，忧郁的人死得比较早……

---

[1] 这就是安德烈·勒华-古杭所说的"社会象征主义"。Leroi-Gourhan, 1975, p. 52.

第五章 拉斯科，艺术家之作

对我来说，"艺术家"也与任何精巧手艺无关。我不期待他能够像今天我们所说的绘画天才一样画画。没有人不受价值判断的影响。每当布勒伊神父发现一幅画得糟糕的画，就会把它认定为孩子的画或学徒的作品，或一个糟糕的画师所作。但是，作为一个拒绝现代艺术的人，他对米罗、毕加索后期的作品或者波洛克等其他现代艺术家的画作又会作何评价？今天，我们可以为画布上一道简单的线条，甚至一条简单的割痕而欣喜若狂——例如卢西奥·丰塔纳的作品。史前人类也会这样吗？可能不会。但我们也不能完全排除这种可能。

"没有技术，天赋不过是一种粗鄙的狂热。"乔治·布拉桑斯（Georges Brassens）这样唱道。以愚见，这就是标准所在：对技术的掌握。

拉斯科的画家和雕刻家们被我称为艺术家，并不是因为他们能够熟练地绘制和再现生活在他们身边的动物。否则，我们该如何评价那些简单的或者不完整的作品呢？说他们有时也有点笨拙吗？不，他们是艺术家，是因为他们拥有一种技巧和能力，甚至在那些不引人注意但却很重要的线条上也显而易见。试着用火石在岩壁上画出一条清晰的线条，或者将颜料准确地吹到正在萌芽的石灰石上，大家就能够理解了。

准备阶段

"史前人类应该是从巨大的碎石堆滑下来,进入拉斯科的",安德烈·格洛里[1]告诉我们,这是入口拱顶第一次坍塌的结果,留下了一个5—6米宽、2米高的豁口,人们可以穿过这里进入洞穴。洞口朝向西北方,从山谷中看过去,它在山坡上的位置几乎是一个象征性的地标,因此并不是随意选择的。

我们已经注意到,不同的壁画区域并不是简单并列设置的,它们之间有着象征性的关联或主题呼应。这至少意味着洞中作品经过事先精心设计,根据岩石起伏、体量和地形来安排壁画的位置。

对技术的选择也是如此:雕刻、绘画、线描、使用画笔、印章还是用嘴吹,取决于壁画所在表面的硬度或可达性。

诺贝尔·阿茹拉统计了十几种不同的绘画表面,根据其纹理、硬度、形态或反射率进行区分。这些绘画呈现出的视觉效果很大程度上取决于作为"画布"的岩石。我们的史前艺术家可能没有像今天的史前学家那样精确地对岩石表面进行分析,但他们至少能够区分两种主要的岩石类型:1. 带有颗粒感的岩壁,岩壁纹理由白色石灰石的性质决定,通常这种岩壁上会形成细

---

[1] Glory, 2008, p. 34.

小的针状结晶，呈现出米粒或者菜花一样的表面纹理，这种岩壁在公牛大厅和轴室最为常见：这种表面光滑反光，非常适合绘画。不过，因为这种表面粗糙不平，很难用画笔画出大面积色彩，除非在上面重复画上几十遍，才能把空隙填满。所以必须找到其他解决办法，比如用嘴或细骨管吹射染料。2. 裸岩，表面覆盖着粉尘，极易腐蚀和退化，从通道处的岩壁可以看出，很多线条已经在风化作用下消失：这时，雕刻是首选，因为岩石表面适于刻画。

另一个重要因素是墙壁所处的位置的可达性。我们将在后面详细介绍这一点。在这个问题上，史前学家之间意见并不一致。简单的推理是，艺术家们搭建了脚手架。这令他们在使用某些创作方法——例如吹色技术——的时候，与岩石贴得非常近。也可能他们安装了一个鹦鹉梯，以方便艺术家们更舒适地工作。

因此，我们可以假设，有些人（艺术家或他们的领导者、赞助人？）巡视了洞穴，并思考了洞穴的整体装饰。他们可能不是第一个在岩壁上作画的史前人，但他们将此前所有的作品都整合一体，正如下面我们将看到的。

最新的研究证实，这些史前人类知道如何驯化甚至改造地下空间，例如在肖维岩洞，史前人类搬来大石头，堆放在作画的墙壁前。在其中一个洞室里，还搭建了类似"池塘"的结构。在拉加玛岩洞（西班牙）中，有散布成圈状的石头，圈中堆积着骨头。在蒂托·布斯蒂洛岩洞（西班牙）中，甚至有一道人工墙来限制旧石器时代游客的行进方向。[1]

这个准备阶段持续了多长时间？不管多久，他们都花了足够的时间对工作进行估算和组织。

后勤保障

正如我们所看到的，人们在拉斯科的地面和地下发现了大量的考古遗迹，它们分布于一些环境艰苦甚至不可思议的场所。其中大部分与艺术家们的活动直接相关，这也让人了解到在地下创作如此庞大的作品群所必要的组织工作。

照明

墙壁上没有任何火把留下的痕迹。然而，大量木炭碎片的存在似乎表明，他们在所有地方燃起了炉火：为了照亮整个拱廊或是为艺术家们提供温暖？拉斯科岩洞中没有任何一幅壁画是用

---

[1] 德拉努瓦（Delannoy）及团队，2012；巴尔宾·贝尔曼（Balbin Behrmann）及团队，2003。

第五章　拉斯科，艺术家之作

木炭画的。

人们在这里一共发现了 130 盏简易灯具，大部分是用简单的石灰石片制成的，有一些中间有轻微的凹陷。炭火的痕迹和摩擦的区域证实了其使用方式。井中还有两个粉红色的砂岩焙烧器（一个是完整的，另一个是碎片）。最著名的一个 (22.46 厘米 × 10.6 厘米，平均厚度为 3 厘米) 被雕刻成一个大勺子的形状。勺柄上刻有与我们在后殿、轴室、中殿和猫科动物壁室看到的相同的符号。

焙烧器。由格洛里神父 1960 年在拉斯科岩洞的井状坑里发现。©DR

大煤块。井状坑。
安德烈·格洛里考古发现。
照片：布里吉特·德吕克和吉勒·德吕克
参见 Glory，2008

这些灯不是随便摆放的：它们主要集中在井状坑"场景"的脚下和中殿黑色母牛壁画面前。诺贝尔·阿茹拉指出，在拉斯科岩洞中，这两个位置二氧化碳浓度最高：在1%—3%之间，井状坑下二氧化碳浓度甚至达到6%。由于蜡烛的火焰在二氧化碳浓度达到2%的时候会闪烁、达到3%时会熄灭，阿茹拉推测，烛火在这里只能产生微弱的光线。史前人类当然不知道这一现象的物理解释，因此他们把许多个光源集中在这里，希望能够弥补亮度的降低。安德烈·格洛里甚至把井状坑里一个大煤块和围在四周的几块石头叫作"烛台"。

准备颜料

人们一共发现了5个石杵和3个石臼，其中一个巨大的石臼（15千克）是在高5.6米的大公牛（圆形大厅右侧岩壁）的垂直下方发现的，它被倒扣在地面上。此外还发现了23块表面沾有颜料的片岩和石灰石板：它们是用来混合颜料、填料和黏合剂的调色盘，还是将彩色颜料块磨成粉末的砧板？一些带有使用痕迹的氧化物碎片看起来就像是铅笔。然而，正如诺贝尔·阿茹拉所说，"根据我们对洞穴中的壁画和图画所做的大量观察，还没有任何线索能证实这一假设，甚至在图像的构图草稿阶段也没有看到与此相关的痕迹。事实上，这些使用痕迹似乎

第五章　拉斯科，艺术家之作

是刮擦造成的，借助燧石工具进行刮削，将石块磨成粉末"。[1]

安德烈·格洛里神父从拉斯科地面收集到的颜料（158 块碎片和大约 20 个装有颜料粉末的罐子）一共包含 15 种颜色，分为"4 组主要色调：黑色、红色、褐色和黄色"[2]。

由克洛德·库罗（Claude Couraud）和法国博物馆研究与修复中心（C2RMF）所作的现代分析表明，这些颜料基本上是由多种铁氧化物（红色和黄色）和锰氧化物（黑色和淡紫色）粉末组成的。尤其是这一地区大量分布的赤铁矿和针铁矿。佩里戈尔地区的锰矿藏也很多。方解石和高岭土被用来调淡颜色。

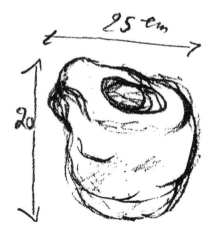

石臼（？）安德烈·格洛里在通道的挖掘工作中发现的头朝下倒扣的燧石石臼（安德烈·格洛里所画草图。见 Glory, 2008）

---

[1] Aujoulat, 2004, p. 52.
[2] Glory, 2008, p. 106.

105

此外,从"背靠背的野牛"和黑色母牛身下的"纹章"等处取下的颜料样本也向我们揭示了颜料的准备方法。除了颜料之外,还需要填料来增稠,以及黏合剂来稀释。因此颜料中可能添加了磨成粉末的方解石和硅土混合物,然后再加入黏土,用事先从地表沟壑中取来的水稀释混合[1]。不过,也有其他史前学家认为,这些有可能是冰后期形成的地层,在颜料附着后很久才融入其中。

此外,虽然在这几处壁画中没有发现,在其他部分,艺术家们有可能对颜料的原材料进行加热而获得各种色调。例如针铁矿石,原本的颜色是黄色的,在高温下会变成红色。

20 世纪 70 年代,克洛德·库罗进行了一组实验[2]。为了处理 1 千克的红赭石原料,他花了 2 个小时,最后只得到 200 克可用的赭石颜料和 800 克废料。他还花了 5 个多小时处理 500 克赤铁矿,最后只保留了 300 克可用的材料。

他们用由一大簇毛皮(如水牛皮)制成用来上色的皮章,刷子则是用马鬃或碾碎的植物茎秆制成。

而雕刻所用的工具方面,一共找到了 353 件石器(石叶、单面

---

[1] Chalmin et al., 2004.

[2] Couraud, Laming-Emperaire, 1979.

第五章　拉斯科，艺术家之作

细小石叶、刮刀、錾子、薄石片……）。然而，诺贝尔·阿茹拉认为，"从使用痕迹来看，（其中）只有极少数工具是用于雕刻的"。看起来拉斯科的雕刻家们很会灵活利用工具。对掌握娴熟技巧的人来说，一个简单的薄石片就足够了。

贴近岩壁

如果说艺术家们能够以杂技般的技巧借助洞壁的自然凸起和斜坡完成黑色母牛和游鹿壁画，对其他部分壁画的观察则表明，他们在完成壁画时可能遇到了重重困难。例如，圆形大厅中第五头公牛的头部应该是用刷子完成的，可能是因为岩壁位置太高，无法用吹管继续吹画：嘴或吹管的末端必须靠近墙壁30厘米左右，才能使颜料"着色"。而在对面左边洞壁上，两匹大马（双头大马以及位于第二和第三只大公牛之间的大原马）几乎全是喷绘的，这意味着尽管它们的位置很高，但画家的嘴可以离它们相当近。在这里，估计使用了小凳子或鹦鹉梯。

在大多数情况下，我们可以认为艺术家们只是攀爬在洞壁上并使自己保持平衡。不过，在轴室中，这种借助自重的做法似乎并不可行：某些壁画位于旧石器时代地面以上3—4米，是人力无法达到的。安德烈·格洛里在轴室的某些坑洼或浮凸处发

轴室 第一部分。右侧洞壁。木梁留下的痕迹。根据照片绘制。
见 Barrière, Sahly, 1964

现了一些痕迹,他认为这些痕迹是托梁或脚手架留下的印记。在土壤中发现的碳痕迹来自古老的橡木和松木,它们直径较大,可以搭建脚手架。其他线索包括距离地面1.5—2米处发现的规则的孔洞,以及黏土中发现的厚木板留下的印记。诺贝尔·阿茹拉对此提出了异议。他更赞同克洛德·巴里埃尔(Claude Barrière)和阿兰·萨里(Alain Sahly)的观察[1],他们注意到,右侧洞壁上,第三匹中国马的尾巴下方95厘米处,"(有一个)四边形的印记,带有环形垫圈,(这让人)立即想到一块方形梁木,架在洞壁凸起处,横跨轴室,让人能够方便地到达绘画区域"。此外,诺

---

[1] Barrière, Sahly, 1964, p.179.

贝尔·阿茹拉还指出，颜料涂抹方法的改变（比如突然从皮章上色转变成刷子），有时候也许是因为手或嘴与洞壁之间的距离加大了。我们可以想象一群"史前的马蒂斯"，用长长的刷子在给自己笔下长角的"舞者"做最后的修饰。

食物供给

可以推测，为了绘制壁画，人们一定在地下停留了很长时间。在发现的骨头中，有118块驯鹿骨骸，相当于至少14只鹿（其中包括6只小鹿），此外还有2只狍子、1只小野猪和1匹马的遗骸，都经过烹饪和食用。

可以看出，只带着调色板和画笔进入岩洞是不够的。壁画的巨大规模意味着需要大量的后勤保障。一位无论多么出色的艺术家，都不可能单独完成任务。即使是米开朗琪罗，在西斯廷教堂的创作过程中，也需要助手来搭建他的脚手架，研磨他需要的颜料，为他的草图和铅笔素描稿填色或定位。在拉斯科的整体装饰背后可能有一个想法、一套图案构思，但不管如何，它只可能由一个群体完成。

看见最早的绘画

艺术家的工作

精湛的技巧

绘画和线描可以通过多种方式实现。在圆形大厅和轴室中主要采用的方法是吹涂颜料,以应对粗糙的岩壁,便于填充所有凹凸不平处。对壁画痕迹的分析使得诺贝尔·阿茹拉提出,颜料是以液体形式而不是粉末形式喷洒的,可以像澳大利亚原住民或是米歇尔·洛布朗歇(Michel Lorblanchet)在修复派什-米尔勒岩洞(洛特)中的群马壁画时试验的那样用嘴吹涂,或者像莫尼克·佩特拉尔为拉斯科二号试验的那样,用鸟骨制成的小管、用"麦秆"吹涂。此外还使用了皮章:皮章使用的痕迹已经由实验室检验证实。

许多平面涂色处,如三叉戟牛和黑领母牛的腹部,都采用了吹涂法。贴近观察吹涂的形状和印章的笔触,可以看出吹涂的角度。例如,在一些平坦的区域,艺术家们做了连续的吹涂,根据壁画长度有规律地进行。在其他地方,当壁画位置太高或岩壁凹凸不平时,画家就会躬身贴近或者从对面换角度吹涂。他还会用皮章做出诺贝尔·阿茹拉所说的"扭旋"技巧,直接用皮章一笔涂抹,然后突然扭转,更有力、更有效地给凹陷和倾斜处着色。

在线条的描绘上，艺术家们使用了两种方法：一是将点重叠相接连成线，布勒伊神父称之为"垂涎点画"；二是用画笔来画出清晰的边缘。不过，也可以通过模板获得清晰边缘——借助一块皮革，或者直接以手为模。这就是为什么三叉戟公牛的头部和胸部以及背靠背的野牛的口鼻处都有干净明锐的轮廓，这是用吹涂或用刷子无法做到的。

雕刻，有时用简单的薄石片来完成，会在边缘处增加一道与岩石表面不同的颜色层，以创造更突出的视觉效果，也就是所谓的浮雕效果。

但拉斯科不仅显示了艺术家的高超技艺，还显示出他们不愿禁锢在某一种技术中而是将多种技术如绘画、线描、雕刻相结合，达到出色效果，利用吹涂、刷子、手指并用等多种方法，以天才的灵活，呈现出炫目雄伟的视觉冲击。例如，黑色母牛的头部是用画笔完成的，或许是因为它位置太高，用嘴巴吹涂够不着，皮章涂色的视觉冲击力又不够大。在通道中，绘画之上又用了雕刻来强化，令画中动物更为显著。

画中很少发现错误或修改的痕迹；主要集中在黑领母牛背上和巨大的红色母牛的胸前。事先画好的草图也很少见。丹尼·托克斯在圆形大厅的第五头大公牛（5.6米那头）的牛角基部和肩部以及臀部发现了基准点。这些点帮助艺术家确认在绘制这样一幅超大壁画时不会犯下任何错误。对于轴室右侧洞壁上的第二匹"中国马",诺贝尔·阿茹拉破译了其非常复杂的创作方式:首先选择洞壁上的一块凸起作为它的胸部,从而确定其位置,这位史前艺术家随后开始吹涂鬃毛和口吻部;其次用红色画笔轻轻勾勒出身体的其余部分;接下来,用吹涂为身体平涂上黄色,并严格刻画出身上两种毛色的 M 状分割。最后,他用黑色画笔将这匹马的完整轮廓包括蹄子和尾巴整个勾画了出来。

通过对背靠背的野牛[1]的深入研究,人们发现,除了经过精心准备的颜料之外,左边野牛背上的红色色块的位置是事先被预留的:事实上黑色颜料中间围着一块裸露的岩石。可以看出艺术家事先已经计划好了如何执行。此外,同一研究表明,在洞穴的这一部分,被腐蚀的表面也是经过处理的,人们事先用沙子手工擦拭,使表面更加光滑,也更容易上色。

"纹章"同样经过精心设计。它们看似棋盘,但采样研究也证明了我们不应被表象迷惑:"棋盘"的方格并非由单一颜色填充,而且还有许多色彩叠加:红底叠黑、黑底叠红、黄底叠黑……对样本成分的研究显示了几种不同的制备"配方",其中用到的颜料和填料来源各异。其中有三种来源不同的黄色颜料,五种不同的锰化合物!其中一个格子里的淡紫色颜料来自一种天然的赤铁矿石,艺术家在别处只用过一次,用它画了两个点。最后,有些格子用了吹涂法,有些是用皮章涂色。究竟发生了什

---

[1] Chalmin et al., 2004.

么？艺术家们是不是充分利用手头资源，在颜料所剩无几时尽量把"碗底"也全部用上？或者，这些是不是有意为之，在创作手法上加以变化，还是遵循着某些复杂仪式的规程？

图形惯例

风格是难以定义的，因为我们不知道艺术家们受到了哪些限制：例如，创作表面的形状和凹凸会令所画对象的身体发生变形，以及他们的社群所习惯的图形惯例……从圆形大厅里的四头大公牛就可以看出：它们仿佛来自同一家族，有很多相似之处。然而它们的眼睛却各自不同。

创造运动和深度的错觉是艺术家的主要关注点之一。他们对动物的描绘主要有以下几种模式或原则。

1. 全侧面视角，完全从侧面来描绘它们的身体轮廓。只能看到一只鹿角、一只牛角、一只爪子或蹄子。这在拉斯科很少见。

2. "扭转"（或直双角）视角，一些解剖学元素——双角、胸部或蹄子——被正面表现出来，就像被扭转了90°一样。后殿的一些雕刻作品就是这样。

3. "半扭转"（或斜双角）视角，对象呈斜向45°角，只露出正面的四分之三。大公牛壁画就是这种情况。

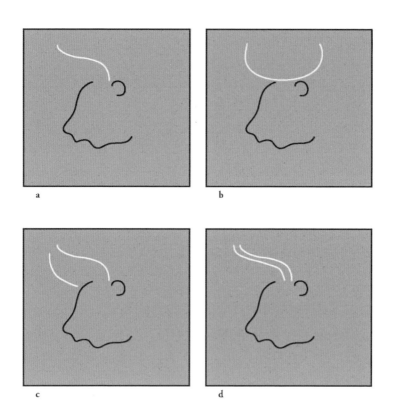

不同类型的视角：
a. 全侧面视角
b. "扭转"视角
c. "半扭转"视角
d. "正常"（或写实）视角
DAO Alice Redou. 见 Petrognani，2013

第五章 拉斯科，艺术家之作

4. "正常"（或写实）视角，动物的身体在不同的景深中被正确地定位；形成这种效果的特殊画法几乎是拉斯科所独有："留白"，即用渐变或缺失的颜料来突出背景中的肢体或身体部位。

洞中描绘的物种有马（355匹，占动物总数的60%）、原牛（87头）和雄鹿（68头），这是拉斯科壁画中总数最多的三类，其后还有羱羊（35只）、野牛（20只）、猫科动物（7只）、熊、犀牛、鸟、驯鹿和人（各1个）。它们的外观都具有显著特征。

马不分公母，均体现出"小马的特征"，也就是说，它们的腿很短，肚子滚圆。头部比例匀称，较为纤细，但与身体其他部位相比通常非常小。在"半扭转"视角下，耳朵有时嵌在颈背上。它们身上有的覆盖着冬季被毛（胡子和长毛），有的是夏毛（短毛，瘦长的尾巴）。彩绘标本多为黑色、斑驳的黑色（其中一匹）、浆果色或浅栗色（带有烟熏或异色，即稍泛灰色或有M形背腹双色）。蹄子呈球状，有一趾。鬃毛直立，能看到半胸像上的十字形条纹和腿上的伤痕。轴室右侧岩壁上的第三匹"中国马"身上的伤痕最为夸张，可以看出艺术家们意图超越简单的摹仿，将对象刻画为幻想的野兽。这究竟是笨拙的描绘、暗示马群，还是对运动的再现？

雄性原牛（公牛）呈黑色，体型庞大，雌性（母牛）通常是红色的，身形更加纤细。蹄子、胸部和牛角也是以半扭转的视角，只刻画了正面的四分之三。公牛的头部总是以同样的画法

看见最早的绘画

呈现：一边的角是 S 形，另一边像是括号，口部是一个倒 C，下唇用逗号表示。耳朵嵌在颈背上。身体滚圆，腿很短。

雄鹿也是如此：身体滚圆，传统的蹄子，耳朵嵌在脖颈上。从前面四分之三处看过去，鹿角呈 V 字形，一边垂直，另一边向后倾斜。不过，尽管形式有规律，这些鹿角却无一重复。鹿角的形状通常比较夸张，常常比头部体积大 5—7 倍，但还是可以识别出不同年龄的雄鹿。它们一个个修长而活泼。其中一只鹿甚至被戏称为"愣头青"，因为它似乎在画面里左冲右突。

虽然有夸张和风格上的过度，但它们仍然基于对活生生的模特的精确观察。因此，某些动物的身体只呈现为局部，以某一部位来隐喻动物的全身。在猫科动物壁室的底部甚至有一只无头的动物。

公牛大厅。左右两边壁画展开图。
诺贝尔·阿茹拉绘。见 Aujoulat, 2004

第五章　拉斯科，艺术家之作

对岩壁的利用

对岩壁的利用在旧石器时代的艺术中是一种普遍现象，拉斯科也不例外。在火把或灯的照耀下，岩壁的起伏和体积显得更加清晰。史前人类是一种著名的光学现象——幻想性视错觉（la paréidotie）的自愿受害者：我们的大脑将自动把一个未知的形状关联到另一个可识别的形状之上。这是一种重要的进化优势（它使我们能够迅速认定捕食者或猎物，减少反应时间），我们经常能体验到这一点，例如，当观察云的形状时。我们也经常能在媒体上读到集体癔症的案例——人们相信自己在一滩燃油或烤面包片上看到了基督或圣母的面孔……史前艺术家们在墙上辨认出了动物的头、身体或身体局部。仿佛利用图像双关语，他们把这些形象纳入自己的绘画中。例如在轴室中利用突出的片岩描绘吼叫的雄鹿的前腿或构成圆形大厅中的一只小雄鹿的身体。

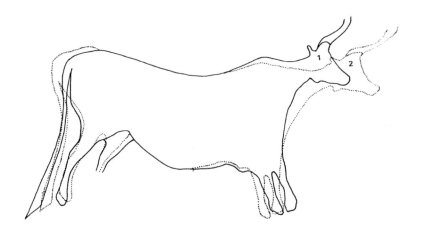

轴室 第一部分。左侧岩壁。根据诺贝尔·阿茹拉的说法,"黑领母牛"似乎产生了"变形失真",以中和墙壁起伏造成的视觉扭曲,这样从下面看时,它的比例就是正确的。1. 实线,从地面上看的轮廓,2. 虚线,从假定的艺术家所在的位置看到的轮廓。变形只涉及画的长度。
见 Rouzaud, 1992

不过,岩壁也可能被间接用来作为想象中的地平线或划定一个确定的绘画空间。如此一来,轴室底部与十字标志相连的那匹大马似乎正在向深渊飞奔,而倒转的马似乎被吸进了地球深处。

大胆的形式

诺贝尔·阿茹拉指出了绘画形象的两个故意变形的例子——这样的做法也被称为失真图像(anamorphoses)。它们的作用是对墙壁浮凸带来的透视效果进行纠正。第一个例子是圆形大厅中的第四头大公牛。它的前腿处于一块平坦岩壁,因此在正常比例下视觉上会被大大缩短,因此艺术家采取了预防措施,把前腿至少延长了30%。这样一来,当人们站在壁室中

第五章 拉斯科，艺术家之作

央观看时，公牛各部分的比例都是正常的，或者至少看上去是写实的。第二个变形的例子是轴室里那头黑领母牛。从下方看过去，在与那些史前观看者差不多的高度，这头牛看起来很正常，没有变形。但当你爬到高处，站在创作它的艺术家的位置上，它看上去就变得非常修长，牛角看上去就像昆虫的触角：因此，这种效果完全是有意为之。这位旧石器时代的艺术家意识到，把动物画在这部分岩壁上会造成画面的完全扭曲，所以他巧妙地纠正了这种效果。所有这一切意味着，拉斯科的绘画形象都是经过精心设计的，艺术家们掌握了对空间体积的感知。这对打造燧石工具的石匠们来说并不奇怪，他们早就知道，不管是打造月桂叶或双刃剑，都需要对最终的形状有预判，才能决定燧石块的选择和切除的位置。既然在石器制作上很常见，为什么不能用在石窟壁画上？

艺术家还使用了另一种绘画技法，在圆形大厅第二头和第三头大公牛之间的小鹿群，以及坠落的牛对面的小马群中都可以看到。这些动物的表现方法并不完全相同。而这并不是因为笔法笨拙。在诺贝尔·阿茹拉看来，在这里"根据动物在空间中的位置的变化，它们的轮廓出现了有层次的渐变"[1]。换句话说，动物所在的位置离绘画平面越远，它的轮廓就越不完整或简略，就像一个近视的人所看到的画面。尺寸的缩小也是展现画面深度的好方法。

---

[1] Aujoulat,2004, p.226.

看见最早的绘画

洞窟的使用

安妮特·拉明－恩佩莱尔（Annette Laming-Emperaire）曾注意到洞中的"使用痕迹"。这个想法由来已久，今天听上去已经不足为奇：这些经过装饰的洞穴可不只是艺术馆那么简单。进入幽暗地下需要一定的勇气和强大的动力，而不仅仅是想画出美丽的图画。所以拉斯科是有着特殊作用的。但究竟是做什么的呢？

米歇尔·洛布朗歇[1]对"使用方式"这一微妙的概念进行了理论总结，他在奎尔西地区的洞穴中寻找特定（由于没有更好的术语，我们暂且将其称为）"象征性"行为的线索。通过重建这些岩壁的"传记"，他发现，即使在装饰完成之后，它们仍然是"活的"，人们从未停止过对岩壁的擦拭、洒水、刮擦……

虽然没有明确承认，史前学家们想到的是崇拜/宗教仪式。洞穴就像是一座"圣殿"，人们在那里从事与超自然现象沟通的活动。

安德烈·勒华－古杭把各种史前崇拜的假设比作"废弃的衣帽间"，认为它们是对人种学比较理论的滥用和对考古发现的

---

[1] Lorblanchet, 1994.

过度阐释[1]。他认为至少要分为两种情况："洞穴神庙"（古代意义上的洞穴）和"洞穴教堂"，前者只允许少数人进入，后者则是为了举行大量人员参与的仪式。他将拥有巨大的公牛大厅的拉斯科洞穴归为第二类。玛格丽特·孔奇（Margareth Conkey）则认为该洞穴是一个"聚集地"，几个族群聚集在一起，就像中世纪的集市一样，交换货物和妇女[2]。

如果我们现在认为这个假设是正确的，就会面临另一个危险：将绘画以外的所有痕迹"神圣化"。墙上飞溅的颜料可能仅仅是调色盘太满或者是沾了太多颜料的刷子滴下的痕迹，而不一定是作为仪式的一部分而故意喷洒的。安德烈·格洛里发现了一些黏土物件，其中包括一个四方形的黏土块。我们是不是一定要把它看作是与大地交流的仪式呢？毕竟我们都曾经在山洞里或海滩上，不带任何目的地捡起一些沙土，享受揉捏的乐趣。

仪式的特征之一是其规律性。因此，如果我们要在绘画洞窟中寻找它的痕迹，首先就要看看哪些似乎是重复行为的痕迹。今天呈现在我们面前的洞窟经历了漫长的历史。我们与最早创作并使用它的史前人类之间距离遥远，已经很难区分其不同使用阶段。

---

[1] Leroi-Gourhan, 1965, p. 66.

[2] Conkey, 1980.

比如，在拉斯科洞穴中，我们发现了各种各样的遗留物：16个带孔的贝壳，一个打磨得形似海螺的卵形石头，70个背面直接贴在标枪上的小薄片，有些上面还残留着黏合标枪的黏合剂；还有33件完整或残缺的标枪，由长鹿角或骨头制成；3根针、1根带针眼的针、5个尖头或锥子；以及1根切割棒、2把凿子和1根经过修整的鹿角，更不用说灯具和焙烧器。

这些贝壳来自都兰地区和法国西部，表明这里与其他地区的联系或交流。一些物品和焙烧器上的装饰标志，与人们在后殿、通道和轴室的岩壁上发现的标志相似，证实了它们与绘画属于同一时代。它们是故意被留在那里的吗？在乔治·索维（Georges Sauvet）看来，这些可能是通行标志，有点像toas，"原住民在离开营地时留下的装饰物，向后来的人表明他们动身去了哪个地方。因此，这有可能是一个不依靠语言的图形交流系统"[1]。

在轴室深处，被称为"深渊"底部的地方，格洛里神父发现了"一颗乳牙，来自一匹体型巨大的史前马"，以及"一包二氧化锰"和"一包黄赭石"，所有这些构成了"洞穴中储量最大的颜料储备，共有大约10dm³的黑色粉末，隐藏在洞穴最深处，足够创作另一个拉斯科了"！[2] 为什么会有这样的秘密储

---

[1] Sauvet, 1981, p.29.
[2] Glory, 2008, p.68.

备？格洛里认为，"这种储藏方法表明了颜料的商业价值，显然可以作为交换货币"[1]。对于嵌在倒转的马对面的岩壁缝隙中的三把刀片，其用意是毫无疑问的。同样的情况也发生在中殿深处的蒙德米尔奇（月乳）长廊里，靠近通往猫科动物壁室的通道处储藏了大量鹿角。如果我们再找一下，在黑色母牛和游鹿之间的地面上，沉积着一块下颌骨和一个大的驯鹿鹿角，还有一个打磨出来的石灰岩灯。显然这些都是有意堆放在那里的。这是某种仪式吗？

最后，在猫科动物壁室中的马厅部分，人们曾发现了驯鹿小骨和绘画工具：颜料和调色板。在安德烈·格洛里看来，"我们可以假设，把这些象征着动物的脚的骨头和用于魔法仪式的绘画结合在一起可能是出于魔法需要。这些骨头也可能被用作碾碎颜料的杵，同时赋予它们有益的魔力"[2]。

如你们所见，我们漂浮在各种不确定之中。唯一确定的是，拉斯科的艺术家们故意在洞中留下了一些物品。不管我们发现的这些是材料储备、所有权的标记、交换的标志还是仪式的痕迹……都证明这个洞穴被"使用"过。现在我们知道它如何被使用。有一天我们会知道其原因吗？

---

[1] Glory, 2008, p.68.

[2] Glory, 2008, p.66.

第六章
史前学家眼中的拉斯科

拉斯科的恢宏与美丽，令三代史前学家都被它吸引，飞蛾一般紧紧聚拢在它的炫目光芒之下。每一位专家，不管情愿与否，也都不得不以之为准寻求自己的位置。这是一个范例还是一种例外？拉斯科究竟是理解史前艺术的必经之路，还是驴桥定理？（来自欧几里得几何学中的等腰三角形定理，是几何原本前面出现的比较困难的命题，作为判断数学能力的一道门槛，后用来比喻检验能力或对某一领域了解程度的关键测试，可将了解与不了解的人区分开来。——译者注）显然被拉斯科"陷阱"俘获的绝非特例。

结构主义时代

结构语言学的发展向人们揭示出词语和句子，无论是在内容还是在形式上，都遵循着一定的排列规律（或结构），这一点极大地启发了其他领域的研究,并把这一概念和方法融入人文科学当中。最负盛名的结构主义者当然是克劳德·列维-斯特劳斯(1908—2009)。我们在这里无意详细介绍或解释什么是结构主义,这是一个非常复杂的概念。而是要指出,这一理论强调了结构——不管是有意识的结构还是无意识结构——都是社会和心理行为的基础。这一功能类似于一段乐谱中由单个音符组成的旋律,克劳德·列维-斯特劳斯在其著作《神话》系列的第二卷《从蜂蜜到灰烬》中使用了这个著名的比喻。艺术史学家马克斯·拉斐尔(Max Raphael,1889—1952)在对西班牙阿尔塔米拉岩洞的彩绘穹顶进行分析时,首次将结构主义方法应用于旧石器时代的史前艺术。他在其中看到了一种娴熟的、重复的构图。不过,给予这一方法正式地位的,是安妮特·拉明-恩佩莱尔(1917—1977),她在1957年完成的毕业论文、1962年以《旧石器时代洞穴艺术的意义》(*La signification de l'art rupestre paléolithique*)为题发表的论文,以及一部介绍拉斯科的著作中,逐步确立了这一研究进路。

与"狩猎巫术"和"为艺术而艺术"的理论(见下文说明)以及其他一些理论相比,这位史前学家关注的首先是作品本身、寻找"意义的标准"。她的研究从雕刻开始、随后转向器物装饰艺术(l'art mobilier)研究,她在分析中首先强调构图的意义:这些动物和符号的位置都不是随意设定的,而此前专家们认为艺术家都是根据需要或依照仪式规程逐步画下的。她随后将研究视线转向了拉斯科,认为它是一部伟大的连贯作品。其中包含一组反复出现的关联,她称之为"基础结对":马—野牛/原牛。此后,她在其他装饰洞穴中也发现了这一点。在她看来,"圣地洞穴"代表了一种女性原则。当然其中也包含了男性标志,正如安德烈·勒华-古杭所记录的(见下文),在洞穴的入口和洞底或狭窄的部分,会有雄性标志出现;而在更开阔的空间我们看到的主要是雌性标志。她还指出,在旧石器时代的艺术中,野牛经常代表了女性,而且马与野牛经常成对出现。这使她得出两个结论:要么野牛被认定为女性,在这种情况下,在"基础结对"中与之相关联的马则是男性的代表;要么恰好相反,野牛在象征意义上与女性互补,所以是男性的代表,这也就意味着马原则上代表了女性。她最终认定了第二种假说。

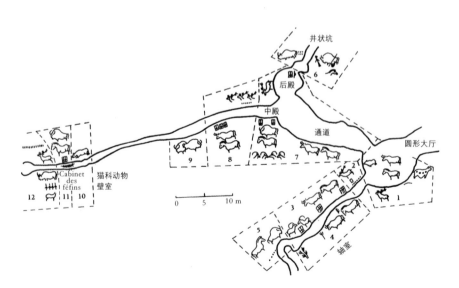

安德烈·勒华-古杭对拉斯科洞穴的结构分析。根据 Leroi-Gourhan,1995

第六章　史前学家眼中的拉斯科

有关旧石器时代艺术意义的主要假说

器物装饰艺术（l'art mobilier，物品、饰物）在 1865 年左右得到承认，洞穴艺术（l'art des cavernes）则是在 1902 年的一次大会上得以确立，1980 年代，随着露天遗址在西班牙和葡萄牙的发现，旧石器时代岩画艺术才得到承认。有关史前艺术的主要理论可分为六大类。彼此之间并不互相排斥。

为艺术而艺术

这种理论在 19 世纪末盛行一时，后来也时常被提起。其主要倡导者之一是埃米尔·卡尔泰雅克（Émile Cartailhac，1845—1921）；他把史前人类看成是一些爱美者，因为惊叹于世界之美，所以在自己居住的洞穴入口处致力于再现美的画面。这种卢梭主义的论断与西方的原始主义潮流出现于同一时期[1]，在现实面前却很难站稳脚跟。为什么要到洞穴深处这样黑暗荒凉的地方去表现自然呢？即使其中某些作品具有美学意义，美似乎并不是这些史前人类最关心的问题。

巫术艺术

受早期人种志研究的启发，20 世纪初出现了一种新的假说。

---

[1] Dagen, 2010.

艺术被认为是巫术仪式的表现形式，其目的在于促进狩猎或生育。萨洛蒙·莱纳赫（Salomon Reinach，1858—1932）和亨利·贝古昂（Henri Bégouën，1863—1956）认为史前艺术来自"交感巫术"（magie sympathique）；我们的祖先认为，他们可以通过在墙壁上绘画来对现实世界产生影响。他们会在墙上画出带着伤口的猎物，以确保在现实中能更成功地杀死猎物；画出怀孕的雌兽，以确保总是有足够的肉食储备。同样，史前时代的"维纳斯"（女性雕像）也被认为代表了怀孕的女性。但问题是，在洞穴艺术中很少有受伤动物形象出现，大约仅占10%。而且，与遗址中发现的兽骨残骸相比对，我们可以发现岩壁上描绘的动物并不是他们通常猎杀的对象。安德烈·勒华-古杭的讽刺听上去不无道理："很难想象猎人们会浪费宝贵的时间在拉斯科洞穴中搭建脚手架，而唯一的目的就是在天花板上画一头被施了魔法的牛。"[1]

结构主义假说

安妮特·拉明-恩佩莱尔和安德烈·勒华-古杭在20世纪60年代提出，这些具象和抽象的表现形式遵从着一些重复出现的结构、以"二元结对"（dyade）——马和野牛/原牛为中心，作为一组符号出现。整个装饰洞穴和器物都以同样的方式围绕这一"原始结对"进行组织。但这一理论只适用于极少数洞

---

[1] Leroi-Gourhan, 1992, p.194.

穴。人们在洞壁上发现的并不总是同一对,很多时候是三个一组,如鲁菲尼亚克洞穴(多尔多涅省)中的马—牛—猛犸象。乔治·索韦(Georges Sauvet)还指出了其他一些组合方式,其中许多都非常复杂。不过,结构主义分析的优势在于揭示了洞窟装饰是有组织的,洞壁上的图案并非随意安置。

象征主义分析

丹尼·维亚鲁和丹尼·托克斯认为我们可以在史前壁画中看到具有可互换含义的符号,且符号的意义直接受到洞窟地形的影响。通过建立共同的"语法"和"象征结构",他们试图对不同洞窟遗址的差异进行量化分析,从而找到史前部落领地之间的联系,揭示其社会组织。诺贝尔·阿茹拉也对拉斯科的象征意义进行了分析。

萨满教

这一理论主要由诺埃尔·史密斯(Noel Smith)、其后的戴维·刘易斯-威廉斯(David Lewis-Williams)和让·克洛特(Jean Clottes)提出,他们认为这些史前艺术家是一群萨满,或者至少是在精神药物的影响下进行创作,他们借助药物获得幻觉,然后将这些幻觉记录在墙壁和器物之上。这一理论受到象征主义分析和神话分析支持者的强烈质疑。

神话分析

让－洛伊克·勒凯莱克（Jean-Loïc Le Quellec）、米歇尔·洛布朗歇和朱利安·德惠（Julien d'Huy）认为，壁画中讲述的是神话故事，他们试图借此破译神话的构成元素，以便对其进行比较。

作为安妮特·拉明－恩佩莱尔的博士论文导师，安德烈·勒华－古杭受到她的研究的启发，在其研究成果的基础上更进一步，设计出一套影响深远的整体解释系统，并在1965年出版的重要作品《西方艺术史前史》（*Péhistoire de l'art occidental*）中对其加以综述。他建议将符号分为两类：雄性和雌性，前者通常是拉长或"实心的"（箭头、点线等），后者则是更加宽阔的（圆形、椭圆形、网格等）。他指出，这些类别在洞穴中的关联或分布往往没有等级之分，雄性标志多见于入口处、洞底以及狭窄的通道，而雌性标志则多见于较大的洞室中。此外，他也同样注意到经常出现成对的"马—野牛／原牛"，其位置往往与成对的标志位置相似。他因此想到了与后者的对应关系。马与男性符号相关，野牛与女性符号相关。在这对"基本结对"周围，会出现一种或多种作为"补充"的动物，它们的作用尚不明确。还有那些"稀有"或"危险"的动物，如猫科动物、熊、犀牛……和人。他绘制了一幅洞穴理念示意图，将洞穴视为女性原则的体现，分为入口、通道和后部区域，走廊和洞室交替出现。在洞口和洞穴底部有着为数不多的"稀有""危险"动物,以及男性符号。洞室中有"结对的"和作为补充的动物,以及雄性和雌性符号的组合。这一系统在器物装饰艺术品上也有体现。例如,在轴室中,跳跃的牛与小马组合在一起,在公牛大厅中,大公牛与不同大小的马组合在一起,周围散布着雄性和雌性符号。犀牛、人和猫科动物则被排挤到外围难以进入的坑道当中。

当然,安德烈·勒华-古杭不无幽默地指出,"这并不意味着旧石器时代的人们虔诚地走过装饰着野牛和马群的走廊,唱着关于雌雄交替原则的贞洁圣歌"![1] 这一理论模型的意义在于,它表明史前人类有着"连贯而丰富"的思想体系。这一点彻底改变了我们看待洞穴壁画的方式。他自己承认(当然,他的反对者们也不断提醒他不要忘记),这一精妙理念的致命弱点在于它意图包容万象。而事实上,安德烈·勒华-古杭的体系主要来自对拉斯科洞壁绘画的观察,而它也只能在拉斯科岩壁上得到有效印证!肖维洞穴就是最壮观的特例之一:狮子和犀牛占据了壁画的中心位置,且数量众多。从统计数字上看,没有任何动物的"结对"在众多装饰形象中占据显著多数。

乔治·索韦(Georges Sauvet)和安德烈·沃达尔奇克(André

---

[1] Leroi-Gourhan, 1965, p.115.

Wlodarczyk）[1] 把"补充"动物作为研究对象，并尝试使用了不同的统计运算来完善这一系统。他们将符号根据形态学特征进行分类，试图分析出其中脱离其性意义之外的"句法"和"语法"。他们发现，在"三角形—椭圆形—枝形—箭形"和"四边形—人字形—棒形"之间经常显示出关联，并注意到其中 60% 的符号与动物形象直接相关。此外，他们还发现，原牛和野牛的出现在时间上有区隔。原牛大多出现在较为古老的洞穴中，而野牛在较新的洞穴中出现得更为频繁。此外，在同一洞穴中对这两种动物行为的刻画也不尽相同：原牛通常与公鹿和母鹿为伍，而野牛则与驯鹿同行。由此可见它们是完全不同的符号。另外，马总是与猫科动物一同出现，却从未与猛犸象有过交集，除非它们附近有一头野牛。这是因为野牛与猛犸象和驯鹿关系比较密切，会把自己的关联物强加给马。它的象征意义也因此更为"强大"。乔治·索韦根据统计分析得出了一套"语法"理论，在其学术著作和研究中逐步确立下来，揭示出组合方式的有限性（筛选出了理论上可能的 6 461 种组合中的 199 种）和规律性，例如猛犸象—母鹿组合的不相容，从而解释了佩里戈尔地区的岩洞（很多猛犸象）和坎塔布里亚海边的洞穴（较多母鹿）之间的差异。这共有五大自然类别或等级：马—野牛—羱羊；人形—鱼—多样；猛犸象—驯鹿—熊；犀牛—猫科动物；公鹿—母鹿—原牛。第一类（马—野牛—羱羊）占主导地位；在所有由两种以上动物组成的组合中，总会

---

[1] Sauvet, Wlodarczyk, 1977, 1995.

包含其中至少一种元素。这显然与"基本结对"原则相去甚远。乔治·索韦和安德烈·沃达尔奇克说:"如果从字面上僵硬地理解我们总结出的规则,并以此断言我们已经发现了旧石器时代艺术的'法则',那可就大错特错了。"[1] "毫无疑问,这些规则与旧石器时代的现实仅有微弱联系。它们的主要价值就是显示出绘画表达中规则约束的存在。"[2] 对此,阿兰·特斯塔(Alain Testart)总结道,旧石器时代艺术的确建立在"分类思想"基础上。这无疑比简单的雌雄对立原则更具说服力。

象征主义

安德烈·勒华-古杭[3]认为旧石器时代艺术中的动物和符号是一种神话符号(mythogramme),具体体现为"一个或一组简单并列在一起、不指涉时间或空间关系的图形",是构建神话和故事的"砖块"。这一概念既不同于象形图示(pictogramme,"以空间关系为组织形式的图形或图形组,通过运动和动作来表现时间和行动",例如连环画),也有别于形意符号(idéogramme,"简化为几笔或某种几何线条的图形或图形组",如中国文字)。

---

[1] Sauvet, Wlodarczyk, 2000-2001, p.225.

[2] Ibid.

[3] Leroi-Gourhan, 1992, p.260.

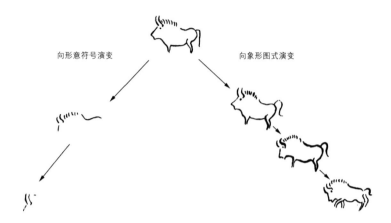

安德烈·勒华－古杭对形意符号、象形图示和神话符号之间的区别进行解释的草图。见 Leroi-Gourhan, 1990

在丹尼·维亚鲁和丹尼·托克斯看来，动物形象作为符号，彼此相互关联，并与特定抽象符号联系在一起，构建出一种神话思想。旧石器时代的艺术并不是为了讲故事，而是作为一种媒介，唤起人们对伟大的起源神话的回忆，就像教堂里的十字架或逾越节羔羊那样。他们并不同意安德烈·勒华－古杭关于洞穴绘画以马和野牛这对"基本结对"为核心的观点，丹尼·维亚鲁指出，不同洞穴中描绘的动物组织方式是不同的，即使表现出某些相似趋势，例如在佩里戈尔的五个洞穴中重复出现相同的符号（Tectiforme，一种象征房屋或陷阱的"房顶形状"）。

1986年，丹尼·维亚鲁提出了"象征性结构"（construction

symbolique）这一概念，并给出了如下定义："洞穴壁画是一种象征性结构，在主题之间，以及主题与作为物质载体的创作表面和洞穴之间通常具有隐含的联系，并承载着意义。"[1] 从这个角度来看，洞穴壁画远不止是一种装饰：图形的表现形式经过巧妙构思，按照一定规则排列，构成特殊联系，从而形成真正的结构。图像创作时间的长短、图像之间的并置和（或）叠加，以及所有重复勾勒和描摹，都赋予了洞穴壁画丰富的时间维度，而对环境的考量则赋予了作品专属的空间现实——从细微处的凹凸到洞穴或露天场地所处的整体地理环境，都直接影响到绘画形象的起源和发展。这种时—空考察方法源自对遗址进行的多学科交叉研究，同时也不忽略遗址保护中的固有问题，如今已成为史前科学必要的研究手段。象征性结构一词还在有关洞窟艺术的各种假说之间达成了更广泛的共识：人们一致同意，壁画中的动物并不仅仅代表其本身，它们在艺术家的思考和创作中逐步向神话转变，洞窟也"参与"了这一精神建构。随后，讨论转向"隐含（implicite）的联系"的含义。丹尼·维亚鲁根据视觉效果将表现形式分为几类：可见的，如大公牛；隐蔽的，如第三头大公牛两腿间的小鹿；隐藏的，如第四头大公牛腹中的熊。这一点在"跳跃的牛"这组壁画中体现得尤为明显，在这幅画中，一部分马的形象清晰可见，而另一些则几乎不露痕迹，仿佛幽灵一般。

---

[1] Vialou, 1986, p.359.

象征性结构的概念围绕着"主题—载体—洞穴"的三角关系展开，随着洞穴空间的变化和创作时间的长短而逐步变化。并因此奠定了三方对话：史前艺术家及其创作的图像、史前研究学者、洞穴及内部岩壁。艺术家对洞壁的审视是为了更好地利用岩壁凹凸进行创作以及选择最佳创作区域，其选择依据可能是象征意义和规则。史前学家对艺术家的"提问"是为了能够解释这种艺术；他也会研究洞壁，以考察艺术家是如何利用岩壁凹凸进行创作的。最后，构建一种象征结构，意味着从史前人类所处的自然环境中真实存在的动物群体中选择一部分，描绘兽群（即选择一部分具有神话意义的动物，以不同风格描绘出来），在头脑中形成画面，再投射到艺术家（们）眼前的洞壁之上。对于象征性结构的识别不仅是一种抽象，还能让我们重新发现史前人类的智力机制，及其所属社会的特征。[1]

因此，象征性结构首先是图像再现、图形和符号的组合，表面上看似乎是随机的，但实际上服从于特定构图原则。丹尼·托克斯试图在拉斯科洞穴中找到证据。他首先注意到，某些主题，如点状线条，只在特定区域或画面中出现，因此，我们有理由从不同的符号取向来解释它们。例如：马总是占据了突出位置（它是旧石器时代艺术中最常见的动物）；原牛领导着野牛，而雄鹿比羱羊地位更高；还有，在洞穴的每个区域都能发现马与原牛的相遇。此外，整个绘画系统主要建立在马／牛和

---

[1] 有关象征性结构概念更为详细的讨论，参见 Pigeaud et al.,2016。

黑牛/红牛的交替基础上，偶尔也会出现雄鹿和羱羊。雄鹿和骏马分布在一条点状线的两侧。这些观察结果表明图形"语法"的雏形已经形成，主要的动物物种已经显示出某种文化身份；某些典型的甚至较为复杂的符号（树枝状、方格状符号等）框起并连接整个画面，成为区别不同信仰的主要元素。

诺贝尔·阿茹拉也认为拉斯科岩壁上的绘画具有符号意义，但与丹尼·维亚鲁和丹尼·托克斯不同的是，他将这些符号与一个确切的现实因素联系起来：季节交替。在他看来，拉斯科岩洞中马的皮毛让人联想到冬天的结束或春天的开始；原牛披着夏季的毛皮；而雄鹿则表现出秋天的样貌。对于这些动物来说，这是它们交配季节的开始，也是它们最为活跃的时期。

但特别有趣的是，通过研究画面叠加和图画空间的使用，我们发现这些动物的确是按照这样的顺序被描绘在洞壁上的：首先是马，其次是原牛，最后是鹿。这些事件在一年时间内的连续发生，与创作时间恰好重合。诺贝尔·阿茹拉认为，"拉斯科的每个物种都对应着一个非常精确的历法时间。马代表春末，原牛代表盛夏，而鹿则代表秋季。这绝非巧合。每一个被描绘的物种都处于一年中最为特殊的阶段，即交配季节的开始。……拉斯科壁画首先是一曲奇妙的生命颂歌"[1]。

---

[1] Aujoulat, 2004, p. 194.

看见最早的绘画

萨满艺术

1952年，汉斯·基什内尔（Hans Kirchner）在分析井状坑"场景"时，首次引入了敌对意识，他把这幅画理解为萨满仪式中的幻象，把立在木桩上的鸟比作雅库特萨满坟墓上的鸟[1]。

1964年，安德烈·格洛里发表了一篇文章，继而遭到所有人的一致反对。格洛里神父试图在史前艺术研究中引入研究西伯利亚民族的人种学家的结论。他迫不及待地将这一发现与他在拉斯科的观察相结合，提出了一个整体性理论。他重新对"翁贡"（Ongone）——由"莱卡内"（lékane，各种动物形象和标志）代表的神灵——进行了阐释。在参考了关于各大洲其他"原始"民族的许多著述之后，他认为这些图案是将萨满与神灵隔开的"栅栏"。在他看来，史前艺术本质上是萨满艺术。

> 一方面，这种崇拜形式首先区分了惰性的物质载体莱卡内——作为外壳的载体，必须由翁贡激活。而翁贡是精神、灵魂，是植物、动物和人类等所有存在的表现形式之中蕴藏的生命。翁贡蕴含的独立性和光芒使其可以随意变化为植物、动物或人类，来协助生命获得福祉。但它需要人类来显现自身，就像人类需要翁贡来确保自己、家庭和部族在森林中过上充实的生活、狩猎成功、健康富足一

---

[1] Kirchner,1952；Le Quellec,2006.

第六章 史前学家眼中的拉斯科

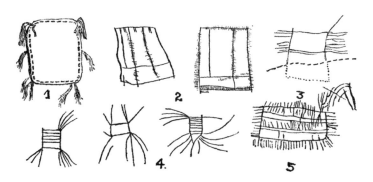

"魂灵袋"与旧石器时代艺术中的标志相比较。1. 用桦树皮制作的四边形"图克图吉雅"糯米包,上面装饰着头发绺,是雅库特精灵的家。2. 拉斯科洞穴。3. 帕尔帕洛洞穴(西班牙)。4. 皮莱塔洞穴(西班牙)。5. 布克许洞穴(西班牙)。见 Glory, 1964a

样。这种契约—联盟催生了各种习俗、礼仪、部落庆典和丧葬仪式,从他们的栖息地(矿藏)或庙宇(洞穴、岩洞)中发掘出来的遗迹充分说明了这一点。

翁贡是已故的人或被杀动物的灵魂,它被安置在莱卡内之中,成为一种保护神,扮演着狩猎翁贡或医疗翁贡的角色,或两者兼而有之。如果它们一旦被人忽视,就会变得邪恶。

……如果翁贡对这些进贡没有做出积极的回应,人们有行使报复的权利,比如更换莱卡内(在旧图上画新的或刻新的图案)、体罚(在泥塑上留下击打或箭的痕迹,在动物和人身上画上箭)或抛弃装饰过的洞穴(拉斯科)……(这种理论)很人性化,与原始狩猎民族的习俗和心态完全一致,他们将翁贡视为一种精灵、守护天使,而不是邪恶的魔鬼。[1]

文章发表后,安德烈·勒华-古杭做出了激烈的回应,并且在《史前时代的宗教》(Les religions de la Préhistoire)一书中对格洛里进行了无情批判,说他的观点结构混乱,是不伦不类的人种志比较,材料来源也混杂不一。安德烈·勒华-古杭写道:"那些令人震惊的断言从未得到证实,也从未受到批评,总有一天会变成一种似是而非的可能性,然后被时代的洪流裹挟着,跻身无可争议之列。"[2] 安德烈·格洛里的去世使他无法对此做出回应,萨满艺术假说似乎就此盖棺定论,只有安德烈亚·洛梅尔(Andreas Lommel)继承了萨满艺术观点,却未能赢得更多支持[3]。

1992年,诺埃尔·史密斯(Noel Smith)再次提出了萨满艺术理论[4],而1996年,让·克洛特(Jean Clottes)和大卫·刘易斯-威廉斯(David Lewis-Williams)在《史前时代的萨满》(Les chamanes de la Préhistoire)一书中提出史前社会是万物有灵论的社会,即史前人类相信世界中存在灵魂(祖先、动物、植物、物品等),人们可以与它们沟通。但只有萨满巫师才能通过通灵的方式与灵魂世界取得联系。洞穴的墙壁上描绘的就

---

[1] Glory, 1964a, p.386-387.

[2] Leroi-Gourhan, 1965, p.145.

[3] Lommel,1969.

[4] Smith,1992.

是在通灵的恍惚状态下产生的幻象。而井状坑中的"场景"描绘的就是一个处于"意识过渡状态"的萨满,他认为自己是半人半兽(这里是半人半鸟)。旁边的几何线条代表了"内视"痕迹,也就是在我们揉眼睛或"嗑药"时看到的图像。他们还表明,艺术家—萨满很有可能服用了某种致幻剂,从而能够与神灵对话。

这一观点同样引发了争议和激烈讨论,尤其是来自人种学家的质疑。其他史前学家也怀疑萨满在恍惚状态下是否有能力绘制拉斯科壁画。此后,让·克洛特不断解释和完善他的理论。如今,这一理论在某些特殊案例中被接受,作为一种普遍理论却始终遭到驳斥。

图腾主义理论

"图腾主义是一种全流通货币,那些年轻的人种学家总是用它来亮明自己的身份,似乎这样就能向公众解释自己远行调研的充分理由和权利。"安德烈·格洛里的苛刻批评[1]早已深入人心,尤其是克劳德·列维-斯特劳斯《今日的图腾主义》(*Le totemisme aujourd'hui*)一书的出版,更确立了这一态度。这位

---

[1]　Glory,1964a,p.345.

著名的人类学家在《忧郁的热带》（*Tristes tropiques*）中就已经坦言他对这种根据旅行者笔记拼凑而成的难以统一的观点深恶痛绝。就算是萨洛蒙·莱纳赫在封德高梅和康巴雷尔洞穴发现的"魂灵陷阱"也没能挽救图腾主义江河日下的声誉。

不过，依然有一批坚持图腾主义的顽固分子，他们随着近来图腾崇拜重获青睐而获益匪浅，这一次他们有了更好的论据。简单来说，图腾崇拜是指根据"图腾"对社会和个人进行分类的一种方式。"图腾"是一种徽记，经常以不同动物为象征，图腾动物身上的特征被认为是图腾从属者所共有的。

马克斯·拉斐尔曾认为阿尔塔米拉岩洞的穹顶壁画描绘的是雌鹿部落和野牛部落的斗争。这一观点并没有后继者。不过，安妮特·拉明－恩佩莱尔在1970年发表的一篇文章重新讨论了图腾理论，她曾在自己的博士论文中否定了这一假说。如今，她仍然承认作品的组织规律性，但批评了安德烈·勒华－古杭提出的以性别"组对"为基础的"理想图式"系统理论。现在，她认为动物和符号的结合确实存在，但并不总是相同。它们代表的并不是一种对世界秩序的理解，而是一种社会体系，也许是结盟或婚姻。其中一种动物的主导地位（如鲁菲尼亚克的猛犸象或拉斯科的大公牛）代表了其中一个群体"在神话中、现实中或期望之中的主导地位"。在拉斯科的公牛大厅或轴室，我们都能看到同一物种的动物成群出现，五只为一组。这或许是家族派别的代表。同样，不同的世代也可以在壁画中体现出来,例如公牛大厅里的胸像(祖先)、大型动物(成年)和小型动物(后代)之间的等级。网格等复杂的标志,可能是结盟的标记。垂直的"箭头"可能也表示血缘关系。这部优秀作品刚刚勾勒出理论的轮廓,安妮特·拉明-恩佩莱尔自己也把它形容为"大胆的、不可思议……而又充满诱惑的观点",但遗憾于她过早离世,还没有时间对其做出进一步解释和详述。

阿兰·特斯塔在他的遗作《艺术与宗教:从肖维到拉斯科》(*Art et religion, de Chauvet à Lascaux*)中再次提到了图腾假说,但却是以一种更强调整体性的方式。在他看来,史前艺术是"分类思维"(pensée classificatrice)的体现:不同种类的动物之间并无往来,它们被置于不同的表现空间。大公牛、马和鹿虽然在同一面墙上,但它们的行动并不处在同一个世界之中,只是与自己的同类同步。这种分类呼应了史前社会的形态。这里的动物被视为动物的隐喻,正如克劳德·列维-斯特劳斯在《野性的思维》(*La pensée sauvage*)中指出的那样,不过在这里,它们位于地下,位于一座象征女性的洞穴之中。这些抽象的符号,无论是否支离破碎,都代表着女性身体的碎片,在神话空间中被解构。

洞穴被视为世界起源时的状态:它是一个微观世界,代表着人类与动物之间尚未完全分化的原始状态;它是映照出神话起源状态的一面镜子,包含着不完整的、未完成的、正在形成之中的事物。它代表了神话最初阶段的世界状态：第一阶段（原始混沌），有幽灵、怪物和奇禽异兽，浑然一体，没有任何秩序；第二阶段，有了半兽半人的神话英雄，虽混沌未分，但已经开始有了秩序（人兽混血，介于人与动物之间）："洞穴将创造一个世界所需的一切潜在因素囊括其中，尚且处于混合、颠倒、不完整、未完成的状态——必须把混合（混血）的分解开；将颠倒的纠正过来；不完整的必须补全；处于胚胎或幼虫状态的则必须完成。"[1]

随后，阿兰·特斯塔对公牛大厅和轴室的组织结构进行了有力分析，与丹尼·托克斯一样，他也认为公牛大厅和轴室的组织结构遵循了一种整体逻辑，图像的对立和对称、同方向旋转和漩涡逻辑。在他看来，这种装饰代表了一个正在诞生的世界，就像澳大利亚神话中的世界一样。

他的分析在一定程度上印证了让－洛伊克·勒凯莱克和朱利安·德惠[2]的研究，这两位研究者正在使用新的统计分析方法研究最古老的神话。从20万年前人类走出非洲开始，追溯神话的谱系，并将神话的传播与人类的繁衍进程进行比较。人类最早的神话之一是人类和动物从地下来到地上，从此开始经历死亡：这就是"起源神话"。拉斯科会是对这个神话的展示吗？

[1] Testart, 2016, p. 229.
[2] Le Quellec, 2015, 2017.

第六章　史前学家眼中的拉斯科

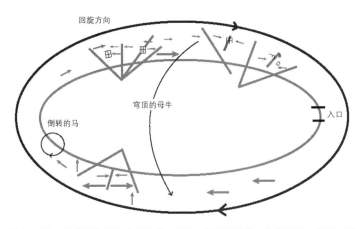

轴室 对称、整体的旋转和次级旋转，阿兰·特斯塔手绘。电脑制图，罗曼·佩吉奥。见 Testart，2016

现实主义

另一些研究人员更愿意专注于动物模型。在他们看来，即使这些动物形象代表着符号或图腾，我们也不能忽视这样一个事实，即它们也显示出强大的观察力，而不仅仅是忠实的描摹或字面意义上的再现。1939 年，利森（Leason）观察到壁画中的动物经常呈"浮蹄"状态，爪不着地，因此推测艺术家们的灵感可能来自动物尸体，他们把动物带入洞穴作为样本，以速写的方式一气呵成。弗朗索瓦兹·苏贝兰（Françoise Soubeyran）也针对拉斯科提出了同样的假设。她注意到，第五头 5.6 米长的大公牛的舌头伸在外面。对牛科动物来说，伸舌头是紧张或痛苦的表现。拉斯科的动物会不会已经死去或濒临死亡？

145

看见最早的绘画

史前壁画中表现的是死去的动物吗？有些动物的蹄子"漂浮"着，就像侧面平铺在地面上的猎物。见 Leason, 1939

史蒂夫·米坦（Steven Mithen）[1]认为旧石器时代的艺术主要是一种教育手段。年轻的猎人来到地下洞穴，学习他们未来要面对的猎物的行为模式。他们与老师一起分析动物的动作、身体部位，预测它们的行动。

马克·阿泽玛（Marc Azéma）也同样将动作和叙事场景确定为狩猎场景。肖维岩洞中狮群冲向野牛的场景令他相信史前艺术家们掌握了某种"电影语法"，并以此表现生命。他也是如此分析圆形大厅左侧岩壁上的那一行黑马和游鹿壁画的。他认

---

[1] Mithen,1988.

第六章　史前学家眼中的拉斯科

对通道壁画中马的动画解构。见 Azéma, 2015

为，画中是对同一只动物在运动过程中不同位置的描摹，就像是在一个场景一个场景地分解运动。他举了后殿中刻画的一匹多头多足马的例子，更令人惊叹的是，我们可以提取每个动作元素，把它们像电影胶片一样排列起来：突然间，这匹马好像动了起来，似乎真的在抖动鬃毛！他认为，这一演示证明了史前艺术家具备精确分析动作的能力，以此在岩壁上重现生命。[1]

浪漫主义

毫无疑问，如果有人问维克多·雨果对当代人对"浪漫主义/罗曼蒂克"一词的使用有何看法，他肯定会暴跳如雷，把桌子掀翻在地，或者砸向算命先生的脑袋！不过，请他务必原谅我们，如今的"浪漫主义者"们不是纯真梦想家就是有趣的怪

---

[1]　Azéma, 2015.

人。不管怎样,这就是某些"考古学家"在世人眼中被归入的类别,无论他们是专业人士还是业余爱好者,都在某一天有了一个想法,并用一生的时间为其证明。显然我们已经脱离了科学领域,对他们来说这不啻为是一种信仰,无须寻求任何验证,一切都不言自明。

这些被盎格鲁-撒克逊人称为怪人(cranks)的人物无疑是媒体的快乐源泉。一个人在波浪谷的一片砂岩上发现了太空地图;另一个人在一块玛雅石碑中辨认出了外星人的肖像;还有一个声称他已经证明了人类见过恐龙,因为他在史前岩画雕刻上看到了恐龙[1]!面对这种言论,我们很难与之抗衡。因为怪人都自诩为官方科学界的受害者——后者显然会嫉妒一个业余爱好者竟然发现了远在天边近在眼前的真相。

伯特兰·大卫(Bertrand David)是一名绘图员。2004年,在哄8岁的儿子睡觉时,他注意到儿子的玩具在卧室墙上投下的影子。他突然产生了一个"疯狂"的想法。太小儿科了……他把它抛诸脑后。但就像所有的先知一样:如果真理选择了你作传声筒,你无法逃避。伯特兰·大卫被选中了。他必须让真相大白于世。他承担了这一任务,一股脑钻进了史前艺术研究——和其他人一样,他通读了安德烈·勒华-古杭的《西方艺术史前史》和其他各种通俗读物。他的主要观点是:画画

---

[1] 有关浪漫主义理论研究,参见 Le Quellec, 2009。

是复杂的。证据是,他觉得这很难。因此,为了把自己身边的动物描绘出来,这些史前人类、人类最早的艺术家,也难以下笔。何况,与拉斐尔比起来,他们简直身无长物。那他们最终是怎么做到的呢?很简单!他们用的是代代相传的小雕像,他们利用这些雕像,把动物的轮廓描绘在墙上!

我们尽可以在这里列出他书中的所有错误和不实之处[1]。不过,还是先来看看伯特兰·大卫的推理依据。

他以圆形大厅里的大公牛为例。这些公牛壁画的高度在4—5.6米之间。要用一个20—40厘米高的小雕像投射出这么大的影子,需要足够的空间(因为物体离得越远,墙上投下的影子就越大)和比简易油灯更强的光源。而且光源必须是单一的,因为使用的光源越多、影子就越模糊,直至消失,更糟糕的是还会出现重影。不需要通过计算机模拟就能明白,在一个6米宽、7米高的房间里,这样的投影在物理学上是不可能实现的!

让我们回到拉斯科,以及他举例时提到的倒转的马。在伯特兰·大卫看来,这匹马的特殊位置很好解释:艺术家把雕像拿倒了!这个史前艺术家真是有点蠢(但谁让他是个原始人呢!)。问题是(只要参观过拉斯科,甚至只是它的复制品,

---

[1] David, Lefrère, 2013.

看见最早的绘画

每个人都能发现这一点），这匹马被画在一个拐弯处的柱子上，所在区域非常狭窄（轴室的末端）、宽度还不到1米，没有人——甚至连创作这幅壁画的艺术家本人都无法看到它的全貌。你可以看到前胸或后背，但绝不会同时看到这两个部位。这匹马比例完美，它的尺寸与洞穴中的其他马匹完全相同，整体连贯一致，没有任何迹象表明这是由两个投影拼接而成的。因此，从物理学角度看，它不可能是通过拓写雕像投下的影子创作出来的。

在结论部分，我们的怪人提到了一个古老的神话，有关绘画的诞生："故事发生在科林斯，西西奥努斯的陶工布塔德斯首先发现了用黏土塑造肖像的艺术；他的发现归功于他的女儿。这位姑娘爱上了一个年轻人，因为小伙子即将远赴国外，她借着灯笼的光亮在墙上投下的影子，描绘出他面庞的轮廓；她的父亲在线条上填上黏土，做成浮雕，晾干后，把它和其他陶器一起放在火中烧制。"[1]毫无疑问，他的理论引发了媒体的疯狂转载，但所幸的是，对于科学界来说，它就像小说《查第格》里刺杀苏丹的杀手，"引发的巨大轰动……只持续了几个小时"。

这些理论在媒体上的成功说明了什么？首先，自19世纪以来，我们同时代人对史前史的看法并没有改变：悲惨的史前人类生活——忍饥挨饿，在寒冷中瑟瑟发抖，是凶猛野兽面前的可

---

[1] 老普林尼，《自然史》第35章，43。

口猎物。最重要的是，他像是个没进化完全的猴子，天真又有点愚蠢。然而这如此脆弱的生物却一直活到了今天。他是英雄吗？不！他完全适应了他的环境。他活了几千年，而不是苟延残喘了几千年。他梦想着美妙的神话，并把它们描绘在了岩壁上[1]。

作为史前史研究者、今天的科学家，站在史前壁画面前，在赞叹其精美之前，我们首先关注的是谁创作了这些作品、他是如何绘制的，以及为什么？

而有关媒体经常转述的另一个假设，我们需要抬起头，仰望星空。史前人类也会这样做吗？

1998年，拉克尔·拉卡列·罗德里格斯（Raquel Lacalle Rodriguez）提出可以将旧石器时代艺术中的构图解释为星辰的象征。在她看来，安德烈·勒华-古杭和安妮特·拉明-恩佩莱尔发现的"基本结对"对应了日—月这一组合。诚然，亚历山大·马沙克（Alexander Marshack）曾提出一种假说，那些刻在骨头上的有节奏的序列标记是对月亮周期的记录，记载了从暗月到满月之间的每一天。这意味着史前人类可能对星辰产生了兴趣。只是这一点从未得到证实。

我们前面提到过，"二元结对"假说已经被推翻，或者至少已

---

[1] Semonsut, 2013.

轴室第一部分，右侧岩壁。见 Lacalle Rodriguez，1998

经转化为"多元结对"假说。但拉克尔·拉卡列·罗德里格斯对这一假说做了进一步推进，提出了一种大胆的解读。以轴室第一部分右侧岩壁为例。3 匹中国马从左到右（从底部向轴室入口方向）代表着太阳的下落，红色母牛代表着光线被困并卷入黄昏暗夜。入口处吼叫的雄鹿被看作是一只幼兽，是第二天一早重生的白天的化身。为什么不呢？梦想并不犯法。

与之相比，考古天文学的研究要严肃得多，这是一门"将考古发现与星象科学进行比对，以更好地了解古代知识"的学科[1]。只可惜，这门学科之中也不乏怪人[2]。

许多业余考古天文学家认为，第五头大公牛上方由黑点组成的环状物代表了昴宿星座。只是有一个问题：画上一共只有 6 个点。在各个不同文化中，人们通常认为昴宿星座有 7 颗或 9 颗

---

[1] Lequèvre, 2016, p.5.
[2] 以下部分出自 Jean-Loïc Le Quellec (2009, chap.XIV « La préhistoire par les étoiles », pp. 219-238)。

星。它们是 3 000 个星团之中最亮的星星。在希腊神话中，昂宿星座共有 7 颗星（但习惯上我们也会把它们的两颗父母星——阿特拉斯 [Atlas] 和普莱奥尼 [Pléioné] 算在内）。

在古代农业活动中，昂宿星座的地位非常重要：它们指示着季节的变迁。但为什么狩猎—采集者会对它们感兴趣呢？我们对此没有丝毫证据，尤其是拉斯科是所有旧石器时代艺术中唯一出现了昂宿星座的地方。

画家卢斯·安特克拉·康格雷加多（Luz Antequera Congregado）则对这一观点进一步澄清，她将大公牛视为金牛座的象征，金牛座与昂宿星座的位置十分接近，就像牛和黑点的位置一样。这一理论也出自纯粹的推测，但并不否认梦想的本质。就像克里斯蒂娜·德克勒（Christine Dequerlor）一样，她在第一匹中国马下面的黑点线中看到了水蛇座。尽管与"真实"的星座比起来，这种相似性非常微弱。

这无疑激发了人们的众多梦想。可别忘了：除了阿尔塔米拉之外，没有任何一个装饰洞穴曾被如此解读过。"拉斯科陷阱"又一次俘获了那些对这个洞穴的特殊性一无所知的人，尽管这个洞穴本身并不能概括所有的法国—西班牙洞穴艺术。我们还要谨记一点——星座并不真实存在 [1]：它们是对星星的任意

---

[1] Broch, Charpak, 2002.

看见最早的绘画

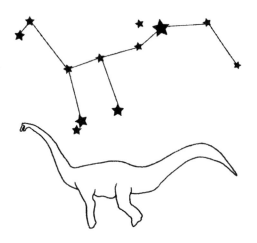

梁龙座（想象） 让－洛伊克·勒凯莱克把（原本就是随意组合的）天琴座中的恒星再次任意重合，不无幽默地提出了（想象中的）梁龙座。见 Le Quellec，2009

组合方式，因文化而异。据传说，最早观星象的是迦勒底的魔术师。没有证据表明在此之前已有人类文明开始这样做了。让－洛伊克·勒凯莱克在《撒哈拉的火星人》(*Des Martiens au Sahara*) 一书中，正式创造了梁龙座！人类占星术的虚妄在此得到了荒诞的证明。

另外 3 位浪漫主义古天文学家的遭遇也很糟糕。

首先，安迪·考林斯 (Andis Kaulins) 认为，井状坑下面的"场景"创作于公元前 9273 年 12 月 25 日！这个大胆的想法可以概括为下图：

第六章 史前学家眼中的拉斯科

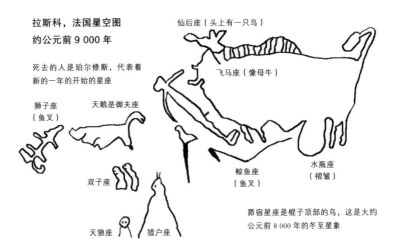

安迪·考林斯对井状坑"场景"的"天文学"解读。图：让-洛伊克·勒凯莱克根据安迪·考林斯（2003）描述电脑绘图。见 Le Quellec，2009 年

显然，只需将图片与壁画的照片进行比照，就足以让假设破灭：考林斯没见过壁画中的犀牛，在分析中把犀牛的身体分解成了几部分。他还把岩壁上的裂缝和摄影师灯光投射的阴影当作了壁画元素来解读（仙后座、天狼座和猎户座）。

麦克·拉本格吕克（Michael Rappenglück）也对井状坑"场景"做了天文学解读。在他看来，野牛、天鹅和鸟的眼睛组成的结构对应了由织女星（天琴座）、牵牛星（天鹰座）和天津四（天鹅座）构成的"夏季三角"或者叫"夏夜三角"。考虑到洞穴的纬度，它们在洞壁上的位置与公元前 14 500 年左右观测到的星空一致。有道理。但为什么选择动物的眼睛？为什么是这幅壁画，而不是另一幅？此外，麦克·拉本格吕克有可能是

155

根据照片绘制出了这些线条。但这里的洞壁是凸面的,动物的位置会随着观察者的位置而发生变化。

尚塔尔·雅戈-沃奇维兹(Chantal Jègues-Wolkiewiez)的理论也经历了相似的命运。她对背靠背的野牛壁画进行了测量,

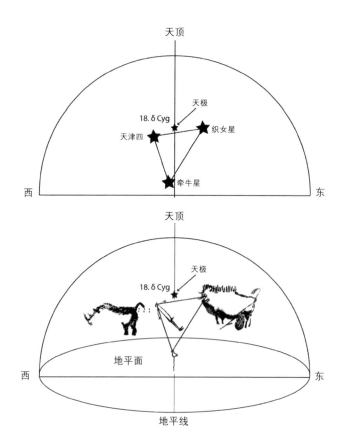

麦克·拉本格吕克对井状坑"场景"所做解读。上:夏季三角;下:井状坑壁画位置。图:让-洛伊克·勒凯莱克根据麦克·拉本格吕克(1999)的描述电脑绘图。见 Le Quellec,2009 年

第六章　史前学家眼中的拉斯科

声称这个图形代表了太阳在夏至日/冬至日和春分日/秋分日升起时的两个位置。前面说过,左边的野牛正处在脱毛期,它代表秋冬季节太阳升起的区域,而右边的野牛则代表春夏季节星辰出现的区域,整幅壁画就像是天文馆里的观察窗。根据尚塔尔·雅戈-沃奇维兹的说法,左边野牛的眼睛与水平面成56度角,这对应了夏季太阳升起时的位置,而右边野牛的眼睛与水平面成124度角,恰好是冬季日出的轴线,两只野牛尾部的交叉点则是二分点日出的轴线。问题在于,这些极其精确的测量是从"面对着动物"的视角进行的。研究者究竟是怎么做到从旧石器时代的地面、而不是从今天参观者所踏的地面开始测量高度的?在真实的洞穴中,游客的身高略低于壁画。那么测量这个距离的"萨满巫师"又有多高呢?他的身高和这位古天文学家一样吗?我们不敢想象,她的测量是在拉斯科二期的第二个展厅里完成的,展厅里这面墙的复制品恰好与人的身高相匹配(高度大约1.52米,与博物馆挂画的标准一致)。

尚塔尔·雅戈-沃奇维兹提出有关背靠背的野牛的理论主要是为了证实她的另一个更重要的观点:她认为,艺术家之所以选择这个洞穴,是因为夏至这一天,傍晚的阳光会照进洞穴。确实,在洞穴完全开放的时期,也就是洞口畅通无阻时,太阳神"腓比斯"会在北纬304度的方位落下。然而,就算今天人们可以重建拉斯科洞穴的入口,这也只是壁画创作期间的入口,而不是其原始入口。事实上,根据安德烈·格洛里的发掘

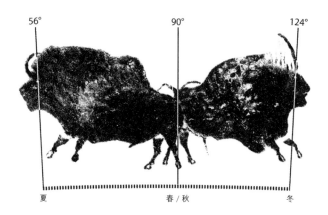

视线角度 尚塔尔·雅戈-沃奇维兹对背靠背的野牛的视线方向所作分析。
图：让-洛伊克·勒凯莱克根据电影《拉斯科：第一批人类的天空》(*Lascaux, le ciel des premiers hommes*)中的图像绘制。见 Le Quellec, 2009

笔记[1]，史前人类是在洞穴入口拱顶坍塌之后，才沿着一个巨大的碎石坡爬了下来，进入洞穴的。格洛里的研究显示，洞穴内的考古地层可能分几个阶段沉积而成，厚度只有50—70厘米，是冰川时代末期的第二次坍塌将洞穴封闭，直到1940年才重见天日。因此，光线进入洞穴的角度基本上是不可能计算出来的。

此外，物理学家弗雷德里克·勒奎尔（Frédéric Lequèvre）指出："夏至前后，拉斯科地区（北纬45度）日落的位置每天的移动范围大约40弧秒，只占恒星直径的一小部分（四十五分之一）。也就是说，如果太阳光在'夏至日傍晚'照进洞穴，

---

[1] Glory, 2008, p.34-36.

第六章 史前学家眼中的拉斯科

这一现象在夏至日前后几天都会持续出现。这与'只有在夏至日/冬至日的晚上,洞壁才会被太阳光照亮'的说法互相矛盾。"[1]

所以,合乎逻辑的结论应是:"这些人可能因为一年中的某个时段洞穴的墙壁被阳光照亮而选择了这里——但他们对夏至/冬至的日期一无所知,因为这些日期是无法通过简陋的手段确定的……我们目前无法证明这一假说,也许永远也无法证明……"

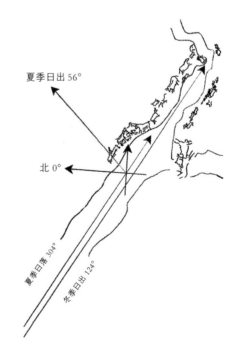

夏至日/冬至日日出位置与洞穴朝向的关系
根据尚塔尔·雅戈-沃奇维兹的理论。
图:匿名。2008 年

---

[1] Lequèvre, 2016, p.23.

弗雷德里克·勒奎尔很快就给予了最后一击。尚塔尔·雅戈－沃奇维兹将洞穴想象成平置在玻璃板上的图画，她认为自己通过点的任意连接在墙壁上发现了星座：包括摩羯座、人马座和天蝎座。问题是："这些星座（在夏至时）是看不见的，因为对于当地的观星者来说，它们还处于地平线以下！"[1] 结论不言而喻："（史前人类）不可能掌握必要的工具来准确地投射恒星位置，因为这些恒星在这一时期是不可见的。还必须证明他们已经拥有必要的概念来支持这一探索：必要的数学概念和工具，例如天球、恒星时和球面三角学等。而此时他们还远远不具备天空测绘的直觉和能力。"[2]

另一个梦想破碎的声音。

清点和分类：应该把拉斯科放在哪个抽屉里？

史前史这门科学仅有不到 150 年的历史。与其他科学学科一样，它发展出了一套自己的语言和代码。首先是确立规则，不能仅仅停留在描述层面，而是要设置范式、类型，进行分类和优先排序。专家们每一次打开贴着标签的抽屉，都会扪心自问：他是否将素材归入了正确的类别？就像是集邮者举着某一

---

[1]　Lequèvre, p.33。

[2]　Ibid, p.34。

枚邮票，犹豫着是否要将它按照国别、邮戳还是图案主题归入相应的集邮册！

每一代学者都有着鲜明的个性，会设定自己的分类，而下一代人则会很快推翻这种分类，他们这样做往往有着充分的理由，因为随着研究技术的进步，人们不断积累新的发现，对过去的认识也越来越清晰。

我们并不是要在这里详细梳理自史前史创立以来的所有分类历史，而是介绍那些直接涉及史前艺术的分类原则。

亨利·布勒伊神父划定的两个周期

这两个周期各自独立，在时间上前后相随，并且包含了大致相同的阶段。

第一个周期是"奥瑞纳—格拉维特周期"，距今4万—2.3万年，涵盖了从奥瑞纳文化（Aurignacien）到格拉维特文化（Gravettien）末期的整个阶段。这一时期的史前艺术是从一些偶然描画出来的粗糙的非具象轮廓开始的，随后发展为被布勒伊神父戏称为"通心粉"的蜿蜒线条。布勒伊神父在《史前洞窟艺术四万年》（*Quatre cents siècles d'art pariétal*）一书中这样描述具象艺术的诞生："在二维平面上创作的具象艺术……极有可能是从……手在岩壁上留下的印记开始的，是对手指印痕的阐发——有可能是在使用中留在黏土器物上的痕迹或是沾着黏土或颜料的手指在岩壁上画下的线条，最初可能出于偶然，后来则是有意地描画；一开始只是一个偶然的游戏，后来发展为有目的的创作，最初只是在二维表面上偶然留下的痕迹中辨认出轮廓，后来则是不断有意地重复，去创造一个相似的图案，有时借助事先偶然形成的图形，有时是从无到有地创作。"[1] 第一阶段是手印阶段，有"实印"和"虚印"之分，[2] 例如人们在加尔格斯（上加龙省）的发现。艺术家们学会了以越来越娴熟的技巧描绘动物的轮廓；他们发现了色彩及其醒目的力量，填充身体、突显体积。动物的形象更加鲜明，它们的蹄、鹿角和犄角有的遵循"扭转"透视（即在动物的侧面轮廓上加入正视图的犄角）、有的是"半扭转"透视（露出正面的四分之三或者"写实"描绘）。出现了黄色和红色（极少数情况下是黑色）的线描，其中大部分是简单的标志。宽大的、滴着颜料的描边让位于平铺的色彩，先是红色，然后是黑色。最后，出现了双色工艺。与此同时，有了雕刻的出现，从"通心粉"逐步发展为浅浅刻痕，然后越来越深。虽然雕塑仍然少见，但雕刻却与绘画同步发展。最终，动物变得越来越逼真。布勒伊神父认为拉斯科就属于第一阶段。

---

[1] Breuil, 1952, pp. 21-22.
[2] "实印"是指将涂有颜料的手按在岩壁上留下的实心手印。"虚印"是指用手当作模板，在手的周围吹喷上颜料。手拿开后，只留下被颜料包围的轮廓。

第二个周期被称为"梭鲁特—马格德林周期",从梭鲁特文化(Solutréen)到马格德林文化(Magdalénien)末期,即9 000年—22 000年前。绘画和雕刻在梭鲁特文化中变得罕见,取而代之的是雕塑,甚至发展出了类似于纪念碑的形式。绘画和雕刻在马格德林文化中期重新出现,这一次同样经历了一个非常简单的阶段,然后技巧逐步稳定娴熟,在透视效果上也大有进步。这一时期精湛的艺术技巧(多色绘画的出现)和自然主义效果令人眼花缭乱,随后却逐步退化为图式化的装饰风格。

安妮特·拉明－恩佩莱尔的三个阶段

根据对岩壁上的叠加痕迹和出土物件的分析,安妮特·拉明－恩佩莱尔将这个精巧理论建立在两个原则之上:1. 对旧石器时代的"文化"(奥瑞纳文化等)与其对应人群的确认;梭鲁特人因此取代了佩里戈尔人,作为新的周期的开始,并由马格德林人延续下来。不过,对这些"文化"的区分是根据工具的使用、切割燧石的方法以及对兽骨制成的工具的使用。今天人们已经承认这些分类方法是人为总结的,只是出于习惯还继续使用它们。这就好像是说,在20世纪,使用"后轮驱动"的人类逐步取代了使用"前轮驱动"的人!在艺术史研究中,有一个问题现在已经获得了一致认同,那就是造型艺术的发展并没有盲目地遵循着历史学家们划定的时间区间[1]。2. 重叠的痕

---

[1] Le Goff, 2014b.

迹来自不同的年代，但两者之间的差距也可能只在几秒之间。正如安妮特·拉明-恩佩莱尔指出的，人们在一个精致的画像下面发现的简化线条可能只是为画像所做的草图，而不一定是前一个还不知道如何正确绘画阶段的艺术家留下的残迹。

对周期分段理论的主要批评观点在于，除了雕塑和多色绘画之外，它们描述的都是从最粗糙到最逼真的演变过程。因此，人们在发现没有明确地层学标志的新的绘画和雕刻时，问题就自然出现了：它们应该属于哪个周期呢？

安妮特·拉明-恩佩莱尔建议简化分期，只保留三个阶段：古代时期，在岩块表面的深度雕刻、生疏的轮廓、手印和"通心粉"似的线条，这对应了奥瑞纳文化和格拉维特文化早期的特点；中期，动物形象更加活灵活现，采用了"扭转"透视和后来的"半扭转"透视法，对应了格拉维特文化末期和梭鲁特文化，在这一时期，史前人类涉足了更深的地下世界、创作了大幅浮雕壁画……顶峰时期，完全是马格德林文化时期，在深处洞穴中出现了"写实"的透视法和多色绘画，而纪念碑式的雕刻艺术也在同期发展。在她看来，拉斯科属于中期阶段。

问题是：对拉斯科洞穴中发掘的木炭所做的碳-14测定检测结果显示出它们属于更近的年代，即马格德林文化。安妮特·拉明-恩佩莱尔提出了两种解决方案：要么拉斯科岩洞整个是属于马格德林时期的作品，在这种情况下，一些原本被

第六章 史前学家眼中的拉斯科

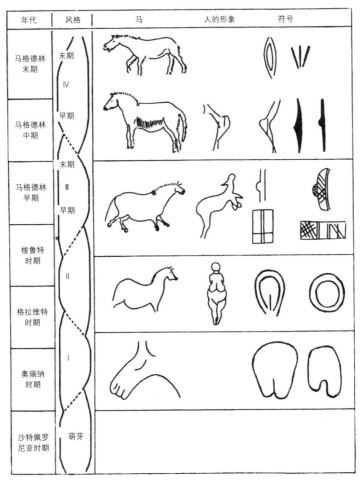

安德烈·勒华-古杭制定的旧石器时代晚期年代和风格年表。
见 Leroi-Gourhan，1965

划分为格拉维特文化的作品需要加以重新认定；要么拉斯科岩洞的装饰经历了两个不同时期。但是，如何解释梭鲁特"中断"呢？在安妮特·拉明－恩佩莱尔写下这篇文章的时候，除了一些雕塑之外，人们还很少发现属于这一时期的史前作品。在那以后，新发现层出不穷，认为拉斯科与梭鲁特文化之间有着直接联系的观点也得到了许多专家支持，但这种观点同样面临争议，正如我们将在下文看到的那样。

安德烈·勒华－古杭认定的四种风格

安德烈·勒华－古杭选择了与布勒伊体系彻底决裂。在《西方艺术史前史》中，他根据统计分析和地层学年代定位，巧妙细致地总结出自己的一套分类方法。事实上，器物装饰艺术通常都是在年代明确的考古地层中发现的。将它们与石窟壁画进行比较，再根据风格进行分类，有助于对后者所属年代进行校准。不过这一分类方法沿用了线性风格发展的理论，遵循着从笨拙的线条、古代早期图像到技术完美和近乎摄影般的写实绘画的发展，写实风格在此之后戛然而止，接下来出现了中石器时代的图式和抽象表现形式。安德烈·勒华－古杭将其划分为四种风格，并细分为不同的阶段（前期和后期）：

1. 风格 I（原始时期第一阶段），对应了奥瑞纳文化，作品线条不明确，仅限于头部或前半身形象、包含对性器官（外阴、阴茎）的表现、简单的标志等；此类作品位于洞穴入口处；

2. 风格Ⅱ（原始时期第二阶段），大体上属于格拉维特文化，动物形象"更加清晰"，出现了阿拉伯式的蜿蜒曲线（有着"天鹅颈"的马）；

3. 风格Ⅲ（古代时期），从格拉维特文化末期到马格德林文化早期，出现了一些对肢体、肌肉和毛皮的固定的表现手法；"扭转透视法"（他称之为"直双角透视"）和"半扭转透视法"（"斜双角透视"）也在这一时期出现；人们对洞穴的探索越来越深入；拉斯科是这一时期的"地区性代表"；

4. 风格Ⅳ早期（古典时期），属于马格德林文化中晚期，这一时期，绘画形象变得更加复杂和写实，透视效果也是如此；

5. 风格Ⅳ末期（晚期）：属于马格德林文化末期，这一阶段洞窟逐渐被废弃，绘画形象变得越来越模式化，逐渐向抽象发展。

随后，阿兰·鲁索（Alain Roussot）提议在此基础上增加一个"风格Ⅴ"，以描述最终马格德林文化末期特殊的风格演变（例如大头马），但并没有获得支持。

安德烈·勒华－古杭的分类法的优点是最终为数据分析提供了更严格的框架标准。但它也引发了不少反对意见。这种风格发展体系的主要问题在于其过渡期。我们刚刚看到，布勒伊神父对"奥瑞纳—佩里戈尔周期"和"梭鲁特—马格德林周期"之间的划分就不甚明确。丹尼·维亚鲁指出,在安德烈·勒华-古杭的体系中,风格Ⅰ和Ⅱ与风格Ⅲ和Ⅳ之间并没有明确的区分。让·克洛特(Jean Clottes)认为,风格Ⅳ前期和后期之间的区别也不明显。在布里吉特·德吕克和吉勒·德吕克看来,风格Ⅱ和风格Ⅲ之间的过渡也是"缓慢渐进的"。但这也许是因为它并不存在?

拉斯科,处于核心地位的洞穴

1980年代末,布里吉特·德吕克和吉勒·德吕克提出,鉴于拉斯科是最著名的洞穴,也是年代最为确定的洞穴之一,可以以之为标准将旧石器时代艺术分为三个时期:

1. 前拉斯科时期(奥瑞纳文化、格拉维特文化、梭鲁特文化):"漫长的学习"阶段;

2. 拉斯科时期(或原型时期):对应了风格Ⅲ和马格德林文化早期;

3. 后拉斯科时期(或古典时期):洞穴装饰更深入,绘画形象更逼真;这一时期包括马格德林文化中期和末期。

遗憾的是,对拉斯科洞窟年代归属的质疑打乱了这个新的体系。

肖维风暴

安德烈·勒华-古杭和安妮特·拉明-恩佩莱尔似乎都认同布勒伊神父的假设,即所有艺术都遵循着从简单到复杂的演变过程,而整个法国-坎塔布里亚地区的旧石器时代艺术的演变是一致的、统一的。艺术单向进化的观点来自海因里希·沃尔夫林(Heinrich Wölfflin)的《艺术史基本原理》(*Fundamental Principles of the History of Art*)。而这种观点在今天的艺术史研究中已经被彻底放弃,正如恩斯特·贡布里希(Ernst Gombrich)所言:"在艺术史中,进化论早已死亡。"[1] 在旧石器时代艺术方面,宣告其命运的关键一击是肖韦洞穴(阿尔代什省)壁画的碳-14测定结果。结果显示,这些图画创作于奥瑞纳文化时期,即风格Ⅰ时期,而最初这些图画曾因其外观特点被归类为风格Ⅲ!此外,肖维岩洞最深处也有装饰,这与安德烈·勒华-古杭关于史前人类随着时间的推移逐渐深入洞穴的假设再次相矛盾。

如今,风格研究受到了图像学的启发。听从安德烈·勒华-古杭的教导,史前学家们更加重视实地考察,甚至提出了更为地区化的图像"传统"。考古学家詹姆斯·萨基特(James Sackett)指出,"风格是指一种非常具体的特征明显的行为方式,而这种行为方式总是与特定地点和特定时间相联系

---

[1] Gombrich, 1996, p.18.

的"[1]。人们借助高度专业化的统计分析方法来尝试界定整体趋势，但结果并不总是很有说服力。很难在简单概括的基础上更进一步。因为，不管怎样，大多数洞穴的年代都很模糊，甚至无从考证，也很少经历整体研究。

渐渐地出现了不同的观点，盎格鲁－撒克逊研究者彼得·乌科（Peter Ucko）在一篇非常重要却鲜有人引用的文献中提出了"不同风格在同一时代的使用"[2]的观点。换句话说，"古代"风格的作品和"写实"风格的描绘很有可能是同时创作的。这一观点很符合人们在拉巴图特棚屋（多尔多涅省）的发现，人们在考古地层中发现了一块刻有"原始"马的大石头，而与这块大石头相连的一块卵石上刻有精美细致的马的图案。在罗什福尔洞穴（马耶讷省）也发现了类似的雕刻画，它们都出自梭鲁特文化所属的地层。但其中采用的表现形式却存在很大差异。

当然，要反驳这一论点非常容易，这些风格差异很有可能出现在一位大师和他的某位学生之间，或者是一位才华横溢的艺术家和一位天赋不高的业余爱好者比邻而居。但这样做只会回避主要问题，即旧石器时代艺术的所谓统一性问题。诚然，目前没有任何理论体系可以解释佩里戈尔的岩画艺术、施瓦本

---

[1] Sackett, 1977, p. 370；Jean-Loïc Le Quellec, 1998, p. 158.
[2] Ucko, 1987, p. 70.

汝拉山（德国）的小雕像、肖维岩洞、坎达莫山（西班牙）和富马内洞穴（意大利威尼托）壁画之间的深刻差异。而所有这些作品或多或少都是同一时期的创作，基本上都属于奥瑞纳文化。

目前的趋势是将这些作品划分为几个大的主要时期，更倾向于区分"旧石器时代晚期上叶"（奥瑞纳文化、格拉维特文化时期、梭鲁特文化早期和中期）和"旧石器时代晚期下叶"（梭鲁特文化晚期、马格德林文化）。而拉斯科再次被视为两者之间过渡时期的象征。斯蒂芬·佩特罗纳尼（Stéphane Petrognani）在发表于 2013 年的论文中正式提出了这种新的方法。在他看来，"从肖维到拉斯科"，旧石器时代艺术展现了极大的风格自由和多样性。例如，从一个地区到另一个地区，从一个洞穴到另一个洞穴，甚至从一面墙到另一面墙，壁画中马的外观都会有巨大的变化。这一情况在马格德林文化时期发生了变化，表现手法更加单一，出现了重复的规则范式。在斯蒂芬·佩特罗纳尼看来，这表明社会更加封闭，组织结构更加严谨，因此限制了艺术家的创作自由。拉斯科岩洞的创作就体现出这一转变，它巧妙地融合了富于创造力的幻想和沿袭传统。也就是说在他看来，也有"前拉斯科"和"后拉斯科"之分。

看见最早的绘画

旧石器时代晚期的年代划分

一般认为，旧石器时代晚期开始于片状切割工具（石叶技术）在欧洲的兴起。这也与解剖学意义上的现代人（智人 [Homo sapiens]，也叫"克罗马农人"）的出现时间相吻合，他们出现于距今 40 000—45 000 年，逐渐取代了尼安德特人，后者大约在 30 000 年前消失。

根据"工具包"的不同，目前已经发现了多种旧石器时代晚期文化，并以其最具代表性的遗址命名（奥瑞纳、格拉维特、梭鲁特、拉玛德林等）。习惯上人们也以这些文化的更替作为年代标记。在沙泰尔佩龙文化（无疑是由最后的尼安德特人创造的）等"过渡性技术"之后，与之平行发展的奥瑞纳文化逐渐取代了它们（距今 34 000—45 000 年），随后是格拉维特文化（距今 23 000—33 000 年）、梭鲁特文化（距今 18 000—22 000 年）和马格德林文化（距今 9 000—17 000 年）。其他技术的发展则更具区域性，例如与梭鲁特人同时代但位于其东边的埃皮格拉维特文化，以及巴德古里安文化——梭鲁特文化和马格德林文化之间的所谓"过渡"文化。一些史前学家认为，拉斯科是由巴德古里安人装饰的。

第七章
拉斯科与史前人类

最后,我们要来谈谈选择了拉斯科洞穴并对其进行设计和装饰的人类群体。

无论他们是梭鲁特人、巴德古里安人还是马格德林人,他们都来自某个地方。他们进过洞穴多少次呢?前面讲过,洞中的考古地层不厚。不过,根据诺贝尔·阿茹拉的研究[1],我们可以大概估算出洞穴被探访的次数。

据目前统计,至少有过3次探访,当然,我们所说的一次探访是指在一段时期内频繁地出入,而不是一次简单的入洞探索。人们在通道、中殿和井状坑中发现了一些罕见的木炭碎片,表明这里曾有过非常短暂的第一次探访。人类第二次进入洞穴时留下了大量考古数据:颜料、灯具、燧石和骨头,见证了绘画工程的实施。在洞中发现的一些骨器(标枪、粉红砂岩焙烧器

---

[1] Aujoulat, 2004, pp. 50-61.

的手柄）上带有抽象的符号，同样的符号在壁画中也有出现。最后一次探访的痕迹只出现在几个地方：入口、通道和轴室的深处。因为这一次探访只留下了木炭痕迹，似乎这只是他们在全新世时期即冰河时代末期，在拱顶第二次坍塌之前的一次短暂停留。留下这些痕迹的人可能并未真正进入洞穴，因为也有可能是水流将这些遗物从碎石堆中带了进来。格洛里神父认为，第二个探访时期可能持续了3 000—4 000年，"古代土壤沉积物平均厚度为3—4厘米，由此可以推算出年代，因为底层的无菌层沉积厚度每增加1厘米需要大约1 500年、每增厚1毫米需要150年"[1]。

布勒伊在整个装饰中划分了22个阶段、后缩减为14个阶段，格洛里统计了6个阶段，安德烈·勒华-古杭分了4个阶段。在当今的大多数史前学者看来，拉斯科的装饰创作是在短时间内完成的，也许是一两代人的工作。无论如何，最后完成装饰的人（至少是洞穴被遗弃前留下的最后的痕迹）似乎把这些线索串联起来，在各个部分之间建立了联系和对应关系，正如我们在井状坑"场景"和猫科动物壁室中看到的两行由3个平行点（黑色和红色）组成的符号。

我们已经看到，拉斯科表达了一种思想。是一个人的思想吗？用安德烈·勒华-古杭的话说，"你永远无法确定是否有天才

---

[1] Glory, 1965, p.593.

之笔"[1]：拉斯科的美也许是强烈的个人表达。至少史前学家胡安·玛丽亚·阿佩拉尼兹（Juan Maria Apellaniz）是这样认为的，他多年来一直试图找出这些史前艺术背后的"作者"。1984年，他提出圆形大厅的大公牛和三叉戟公牛出自同一艺术家之手，该艺术家"……偏爱纪念碑式的恢宏气势，（喜欢）平缓的轮廓、直线条、刻板的形象，（对）精致的透视图（兴趣不大）"[2]。同样，红色母牛应是另一个人的作品。这两人都没有再创作其他作品，因为我们在旧石器时代的艺术作品中没有看到类似的形象。

的确，这头5.6米高的大公牛是无与伦比的。但它在整体上并无特别之处：牛角和嘴的形状与其他地方的风格惯例相一致。不过它伸出的舌头、眼睛周围的斑点和它的目光在这座岩洞里却是独一无二的。这就是画家个性的体现。但他意识到这一点了吗？他是否知道自己正在留下独特的印记？这是艺术史上最大的谜团之一。流派之谜，师徒关系之谜，以及对个人创作的肯定。

大家可能都听说过莱昂纳多·达芬奇（1452—1519）和他的师傅安德烈·德尔·韦罗基奥（1435—1488）的故事。根据瓦萨里在《艺苑名人传》（Vasari, *Vies des meilleurs peintres*）中的记

---

[1] "的确，由于历史环境和个人能力的不同，总会存在不精确的部分。你永远无法确定是否有天才之笔。"Leroi-Gourhan, 1991.

[2] Apellániz, 1984, p.553.

载，后者曾要求自己的学生完成画作《基督受洗》中的一个天使形象。莱昂纳多的创作明显超越了韦罗基奥，以致后者就此弃笔，只从事雕塑创作。拉斯科是否也是如此？是否有一位大师在监督学徒的工作，指示整体布局？学生们是否很愉悦，有没有自由发挥？在岩洞壁画中少见没有明显的独创性的作品。

必须警惕年代错误的出现。正如雅克·勒高夫（Jacques Le Goff）所写的那样，"历史学家们的这个习惯总是令人恼火，他们在众多历史时期都看到了个人的出现或对个体的肯定。这种重复性的断言最终会抹杀对历史上个人的出现的探索。然而，这是一个真正的问题，需要大量精确而细致的研究。……与许多长期历史现象一样，对个体的肯定并不遵循某个单一、持续的演变路线。在特定时期、在特定社会环境下（对个体）的理解，与我们当前的个体观念并不对等"[1]。

艺术家作为独立个体崭露头角，是从古典时期到文艺复兴时期逐步发展而来的。老普林尼（Pliny the Elder）在《自然史》（*Histoire naturelle*）第五卷中记述了当时两位著名的画家阿佩利斯（Apelles）和宙克西斯（Zeuxis）之间的技艺较量[2]。注意，我们在这里谈的并不是"受诅咒的艺术家"（artiste maudit），这一形象在历史上出现得很晚：在旧石器时代，脱离部落的行

---

[1] Le Goff, 2014a, p.576.

[2] 参见 Pigeaud, Jackie, 1990。

第七章 拉斯科与史前人类

为无疑是自杀式的流放。一个孤独的叛逆者会立刻成为野兽的猎物。不,在我们关注的这个时期,最好把讨论对象限制在工匠的概念上,换句话说,他是一个简单的执行者,他的任务是讲述他所在部族的神话和故事。但这并不是说他的创作没有个性。拉斯科的壁画似乎就很好地表达了艺术家的个人特点,但由于没有文字记录,我们很难确定"图像系统"[1]的规则容许他们在多大程度上进行自由发挥。

不过,如果仅凭简单的线索在洞壁上寻找个人风格或个体印记是不可能的,其他研究却表明,拉斯科并不是孤立的,它似乎还有一个孪生姐妹:加比尤(Gabillou)洞穴。

加比尤洞穴于 1941 年被发现,距离拉斯科约 20 千米,洞内仿若一条长廊,二十几个大约 1 米宽的小房间通过狭窄的通道彼此相连。洞中壁画全部为雕刻画,包括 59 匹马、28 头驯鹿、18 头牛、12 头野牛、8 只羱羊、4 只猫科动物、4 头熊、2 只野兔、1 只母鹿、1 只(可能是)犬科动物、18 只未确定的动物、4 个 "巫师"(半兽人)、4 个人形和 72 个符号。

洞穴主人让·高森博士(Dr Jean Gaussen)对洞穴进行了研究。他是第一个注意到该壁画与拉斯科壁画有明确相似性的人[2],

---

[1] González, 2002.

[2] Gaussen, 1988.

至少在风格和图形选择上如此：例如，同时出现或呈十字形排列的方形符号、背景的留白、球形的马蹄[1]……从加比尤发掘出来的一个标枪的年代鉴定（17180±170 BP[2]）似乎证实了这种关系，因为拉斯科的创作年代也是在距今大约 17 000 年前。

同样引人注目的是它们的镜像对称：拉斯科洞穴中有一个巨大的主厅，绘满了壁画；而加比尤洞穴则很隐蔽，里面装饰了雕刻画。在拉斯科壁画里只有一只驯鹿和几只鹿；而在加比尤，驯鹿占了大多数。

总之，拉斯科和加比尤有着非常密切的联系。但究竟是怎样的联系呢？

一项新的研究对这个令人振奋的理论提出了质疑。斯蒂芬·佩特罗纳尼和乔治·索韦（Georges Sauvet）指出两者的相似之处过于浅显："其中提到的很多共同点都并非二者专属，远近众多遗址都有类似的特征。"[3] 的确，这些四边形标志在西班牙的装饰洞穴（埃尔－卡斯蒂罗洞穴、拉斯奇美那洞穴等）中也能发现。他们利用统计工具，"客观地"考察两个洞穴中的马在外形上的亲缘关系，根据眼睛形状、肢体动作等 25 项

---

[1] 可参见 Tauxe, 2009，以及 Clottes, Larue-Charlus, 2003。

[2] BP: Before Present，距今……年前，按惯例以 1950 年为基准。

[3] Petrognani, Sauvet, 2012, p.444.

标准，最终认定拉斯科马和加比尤马分属于两个独立的群体，"它们在形式上，尤其是在四肢的处理方式上表现出明显的差异"[1]。尤其值得注意的是，加比尤的马大多"没有马蹄，四肢张开、以点状或Y形结束，每对只露出一条腿，或在正面图中可能呈现两条腿"[2]，这在年代更为久远的洞穴壁画中较为常见，但在拉斯科罕见。

然而，也有一些问题：一些"具有拉斯科风格"的马也在加比尤出现，反之亦然："这些特殊的表现形式表明，拉斯科风格在加比尤创作时期并非完全不存在，反之亦然，这就支持了两组马的同时代性，这可能是两组不同创作者利用不同风格创作的作品。"[3]

另一个无法解答的问题是，这些"来源不同的"马匹似乎与两座洞穴中作品的构图都能完美契合。会不会有"艺术家互访"，"同行"之间的交流？

> 把这一假设再推进一步，我们是否可以想象，既然加比尤和拉斯科的"创作方式"已被史前学家认定，它们可能已具备了自身的特定意义？我们可以想象，当一个原本同质

---

[1] Petrognani, Sauvet, 2012, p.450.

[2] Ibid.

[3] Ibid.

的构图中出现一匹风格迥异的马……这种"陌生感"本身就传达了一种"外来者"的意义。我们倾向于得出这样的结论：拉斯科和加比尤的绘画形象处理方式的差异，（是由于）这两个非常接近的群体有意为之，尽管彼此不同，但他们能够在两个场所同时工作。迥异的工作方式不仅不会成为交流的障碍，还有助于强化对话的意义。[1]

群马浮雕 后殿。安德烈·格洛里临摹

---

[1] Petrognani, Sauvet, 2012, pp. 450-451.

第七章　拉斯科与史前人类

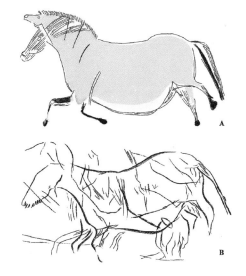

拉斯科马（黑牛壁画）和加比尤马，它们都采用了相同的空间处理方式，暗示观察者看不见的另一边肢体处于背景中。除了这一相似性，这两幅图还有众多明显的不同。见 Petrognani、Sauvet，2012

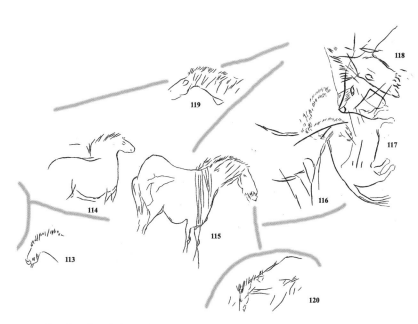

群马壁画　加比尤岩洞。其中包括一匹"拉斯科风格"的马。编号 117 的这匹翻倒的马有着球结状脱位的蹄子，是这组作品中的唯一例外。它让人联想到拉斯科轴室深处一匹同样翻倒的马。让·高森临摹。见 Petrognani, Sauvet, 2012

因此，拉斯科和加比尤并非双胞胎，而是互补的："事实……让我们相信，我们面对的是沐浴在同一传统中的两个群体，他们有着许多共同的价值观，从广义上讲属于同一社群，但又保持着独特性、自主性，并通过独特的风格来标识自己的个性。"[1]

这两个洞穴中的装饰壁画具有明显的同时代特征，或许这两个相邻的群体经常光顾。有没有可能它们曾被用于两个不同的目的？不要忘记，我们在前面说过，这些洞穴是被"使用"过的。不过，这一新理论仍需要得到考古学研究的验证，目前还缺乏这方面的证据。最近，索菲·德·博纳（Sophie de Beaune）也对这一理论提出了质疑，她指出这一理论"过于笼统"，甚至有过度阐释的嫌疑。她认为，"当前观察到的差异可能是由于个体差异造成的。怎么能……就此认为这些是刻意的风格呢？这纯粹是出于我们的推测。除了希望保持团体的自主性和加强团体的凝聚力两点之外。这个论断下得太轻易了，我们不能不对此保持警惕"[2]。一切又回到了起点。画家或雕刻家的一点幻想就足以扰乱整个科学界。

那么，装饰了拉斯科的艺术家又是谁呢？首先，他是解剖学意义上的现代人，和我们一样的智人。他们穿着兽皮缝制的温暖

---

[1] Petrognani, Sauvet, 2012, p. 453.
[2] Beaune, 2016, pp. 152-153.

皮衣，无疑还佩戴着精美的项链或手镯，脸上涂着红色、黑色颜料。又或者，他们在洞穴中是赤身裸体的，皮肤上涂满了红色颜料，就像最近人们在西班牙的洞穴中发现的那样[1]？反正人们没有在拉斯科发现任何支持这一推测的痕迹。

正如前文介绍的，这些艺术家都是专业人士。今天，当我们不再惧怕将史前社会视为不平等的、等级森严的社会时[2]，当我们想象中那个留着披头士式的长发大胡子、和善友好、与自然融为一体的形象，以及在此之前那个强壮冷酷、令人生畏的野蛮人形象都逐渐消失时，我们终于可以用崭新的眼光来看待冰河时代，摆脱意识形态的束缚、采取更加现实的态度。毋庸置疑的是，群体中的每个人最起码必须掌握多方面技能，以便在困难时期生存下去，或者随时上场替换某个死去的同伴，但旧石器时代晚期的技术发展水平决定了任务的专业化。他们之中既有石匠，也有艺术家。前者可以制造出拓展人类动手能力的工具，后者则可以滋养人们的想象力，为那些难以理解和令人不安的事物命名并提供解释，安抚心灵。这些人都必须全职工作。这意味着其他人要为他们打猎。他们的专门技术必须得到保护，所以这些人必须避免从事危险和劳累的活动。

在拉斯科，这种专业性得到了充分发挥。尽管实验表明，熟练

---

[1]　Medina-Alcaide et al., 2017.

[2]　Hayden, 2008.

的艺术家可以在不到一分钟的时间内雕刻或绘制出一匹马的轮廓，但在洞穴中，细节的一丝不苟和无数次的返工（移动动物耳朵的位置、纹章颜色的修改和混合、透视效果的呈现）都表明这是一项深入的工作。

即将进入洞穴的男人或女人是谁呢？他或她在寻找什么？是什么吸引了他们？这当然是问题的核心。不过，我们也可以把这个命题轻松颠倒过来，重新表述如下：这些洞穴是什么，它们对进入洞穴的人有什么作用？这样，我们就可以从安德烈·勒华－古杭提出的"洞穴参与者"（caverne participante）观念转向"洞穴组织者"（caverne organisatrice）观念。装饰过的洞穴虽然位于地下，无论其入口是否可见，也无论其是否显著，都构成了当地景观中的一个重要参照点：它是众多日常活动和象征活动的交会之处，并先于其装饰而存在。换句话说，史前人类没有必要将自己的存在和关注呈现在墙壁上。只有在洞穴的"召唤"之下，当需要某种特殊干预时，他们才会这样做。在我看来，这就解释了为什么与人们参观的洞穴相隔不远的其他洞穴却不曾被装饰，也解释了为什么其他一些洞穴即使有装饰，有些区域却没有被触碰。这并不是因为它们的象征意义微不足道。恰恰相反，它们的重要性是如此明显，以至于没有必要指出来[1]。

---

[1] Pigeaud, 2013b.

因此，我们希望能够描述这洞穴或岩壁产生的吸引力，以此揭示这个史前人类的个性。

洞穴中的女性

人种学家告诉我们，在象征性活动中也有性别分工。然而，并非所有文化都禁止妇女从事艺术创作。谁又能说在旧石器时代晚期，女性就没有在墙上作画的权利呢？

女性和男性的生理构造并不相同，连双手也并不一样。生物学家曼宁和他的同事已经证明，从出生前开始，食指—无名指的长度比例就与睾丸激素和雌激素的浓度有关。换句话说，男性和女性身上这一比例值是不同的。更重要的是，这种长度差异在子宫内就已经存在，因此与人的年龄无关。

通过这个简单的数学比率，人们可以确定史前艺术中手印的所属者的性别，无论其年龄和比例。把你的尺寸给我，我就告诉你你是谁！史前学家凯文·夏普（Kevin Sharpe）和莱斯利·范·盖尔德（Leslie Van Gelder）首先尝试了这一方法。然后是让－米歇尔·沙津（Jean-Michel Chazine），在婆罗洲的瓜玛斯里二世洞穴（Gua Masri II cave），他利用考古学家、计算机专家阿尔诺·努里（Arnaud Noury）开发的软件，成功识别出两组截然不同的有规律的手印（男性和女性）。

美国人迪安·斯诺（Dean R. Snow）将这项研究进行得最为深入。他最近发表的一篇引起轰动的文章中讨论了史前时代以来的人口演变，表明人体各部分比例，包括手的比例的变化相对较小，但比例大小的差异在世界各地随地区而不同，迪安·斯诺通过测量志愿者的手的尺寸建立了一个统计数据库，并按种族群体进行了分类，重点考察欧洲人群。

语言学研究显示，巴斯克人可能在印欧语系迁徙浪潮之前就已出现，似乎更接近早期现代欧洲人，因此这些史前艺术家可能是他们最先接触的对象。

有了这些参考资料，这位人类学家开始在各个装饰洞穴中现场测量手印，或根据照片测量。除去保护措施和可达性因素（没办法潜到海底的科斯奎洞穴，也没办法进入肖维岩洞），迪安·斯诺从8个装饰洞穴[1]中提取了32个手印，并确定了其手指比例。其中75%的手部比例符合女性特征。更重要的是，当迪安·斯诺将旧石器时代的手印与现代人的手部数据进行比较时，他发现史前时代男女手部的差异更大。简而言之，他们的两性不同现象更为明显，某些有关骨化石的研究似乎也

---

[1] 分别是法国的 l'Abri du Poisson、Bernifal、Font-de-Gaume、Gargas、Les Combarelles、Pech-Merle 和 Rocamadour 以及西班牙的 El Castillo。

证实了这一点。随后，这位研究者在美洲印第安人的岩画上测试了他的方法，这项分析在这些更为单一的岩画中也行得通。

长期以来，史前学家一直怀疑实印和虚印的手印是年轻女性的作品，因为它们尺寸较小。迪安·斯诺的研究不涉及年龄和体型，但似乎也证实了同样的推测。但这也引发了一系列问题。第一，当然是统计问题。这32个样本来自8个分属不同时期或年代不明的洞穴，样本量太小，即使随着研究不断深入，清单会不断扩大，依然不够有说服力。其中还把康巴雷勒斯岩洞中一个几乎无法辨认的虚印手印算了进去，更不是什么好主意。第二，为什么不选择现代非洲或近东地区居民的手呢？克罗马农人肯定不是欧洲人。智人似乎大约出现在30万年前的北非。但迪安·斯诺可以说，无论如何，史前时代的两性异形现象要明确得多，因此无论选择哪个现代参照人群，两者之间的差别总是显而易见的。

最严重的反驳来自绘画技术本身：迪安·斯诺选择的大多数手印都是虚印[1]，因为它们数量最多。虚印的制作方法是把手放在岩壁上，将颜料吹喷到手的四周而产生的。根据画家的嘴或吹管所选择的角度不同，以及他的手置于正前方、上方还是下方，颜料形成的手印形状和比例都会有所不同。而且任何在洞穴中测量过壁画的人都知道，洞壁并不是平坦的，根据测量工

---

[1] Snow, 2013.

具（卷尺还是经纬仪）和摆放位置，考虑到表面微小凹凸还是直接测量到末端的正切线，测量结果会相差1厘米或更多。如果测量的是照片，又怎么知道摄影师是不是正对着墙壁垂直拍摄的呢？简而言之，迪安·斯诺必须在洞穴中实地测量这些虚印，确定它们的不同角度、与艺术家身体的不同距离。只有这样，他的方法才是可信的。

研究也是跟随潮流的。曾几何时，人们就史前艺术家是左撇子还是右撇子引发了激烈争议。现在，讨论他们的性别成了一种时尚。对我们而言，迪安·斯诺的方法什么也没有证明，即使它的方向可能是好的，只是不够深入。更糟的是：它的作用适得其反。说史前妇女们把手放在了墙上并不能说明她们就是艺术家。挑衅者可能会像过去的史前研究者一样声称，她们在这里所做的只能见证她们的存在。我们没有办法断定这头野牛或那匹马是由男人还是女人描绘出来的。艺术史告诉我们，女人和男人同样技艺精湛、才华横溢。那么，女性可以成为艺术家吗？那还用说？！这个问题只有男人才提得出来。

对空间的感知

弗朗索瓦·鲁佐（François Rouzaud）是研究史前人类地下旅行的"古足洞穴学"的创始人[1]，他将史前人类在洞穴中留下的痕迹分为3类：

1. 前进的痕迹（动态的脚印或手印、滑倒、跌落、石灰石结核的碎裂）；

2. 停止的痕迹（短暂停留、"暂停"、喘息、艰难地段的观望、方向和照明问题，这些都可能从所过之处石灰岩结核的碎裂却不见引发物、身体留下的印迹、某些地质样本不明原因的存在等迹象中得到印证）；

3. 规划布置的痕迹（炉灶、切割石核和制作物品的场所、烹饪遗迹、居所结构，当然还有洞穴艺术和器物装饰艺术作品，以及岩壁缝隙中插入的燧石和薄片）。

我建议将洞穴的"占有"分为3个阶段。第一阶段是探索阶段，史前人类发现了洞穴，并选择岩壁和房间进行装饰。第二阶段是占有阶段，也就是实际的装饰阶段。第三阶段是洞穴的使用，将其用于一些假定的仪式。

---

[1] Rouzaud, 1978.

宽窄空间的交替是洞穴显著的物理特征。安德烈·勒华－古杭将其纳入了洞穴象征结构之中（他认为狭长空间代表男性，宽阔空间代表女性）。尤其是艺术家对狭窄空间的偏好，他们在狭窄空间中尽情发挥，直到穷尽空间的所有可能性，例如在猫科动物壁室、井状坑或弯曲回廊中都可以看到这一点。

在装饰洞穴中，高度和深度所产生的吸引力也许还没有得到足够的重视，这种心理现象在其他方面很受关注，例如深渊的吸引力。在内尔哈（西班牙）和科斯奎尔（法国罗讷河口）的洞穴中，史前人类在高处留下了画作。要爬上高处、保持平衡并稳定身体进行创作是极其艰难的，但他们无法抗拒这一"召唤"。史前人类进行地下探险的能力自然无法与今天装备精良的洞穴学家相比，但他们的杰作却每每令我们惊叹不已。

对时间的感知

当然，洞壁上也有"固定"的时间，比如诺贝尔·阿茹拉就曾提出，在拉斯科壁画中兽群的出现对应了季节交替，还有马克·阿泽玛对圆形大厅里小黑马分解动画的解读。此外，还有在洞穴中穿行的"驯化"时间，显然因为前进的困难和地下特殊而舒缓的环境氛围（黑暗、寂静、极度潮湿）而发生膨胀。

第七章　拉斯科与史前人类

最近研究者还有了另一个发现：在多尔多涅省的鲁菲尼亚克洞穴中，人们发现了婴幼儿的手印和指纹[1]，在科斯奎尔洞穴中发现了一枚手印，在加尔省的巴约尔洞穴中也可能有发现。显然，他们的到来并非自己做主，这就意味着在地下可能存在另一种时间管理模式，即世代相承。世代的延续在洞壁上留下了痕迹。目前在拉斯科还没有发现这样的情况。

触觉感受

在我看来，这是最重要的方面：触觉在洞穴艺术中的发展。我们谈论的不仅仅是或虚或实的手印，也不局限于有意在洞壁凹陷处或地面上放置物品的现象。我们已经看到了，这样的现象在拉斯科屡见不鲜。不过，除此之外，他们还逐步发展出一套处理洞壁的"触觉"方法，主要集中在旧石器时代晚期的第一阶段，具体表现为：

1. 材料的添加，例如色块、刮擦、颜料喷涂或对石灰石结核所做的标记，此外人们还在洞穴较为偏远的洞壁上发现了指痕、掌印、指腹的痕迹，有一些是单个出现，也有的成组出现；

---

[1]　Sharpe, Van Gelder, 2004.

2. 移除材料，移除碎裂的石灰石结核，清理岩壁表面附着的蒙德米尔奇（mondmilch，也称月乳）沉淀物，将它们带出洞穴之外；

3. 对将要作画的岩壁表面的处理；

4. 有意突出或利用洞壁的某一元素，如圆形大厅里的熊头。

在我看来，所有这些（初看来）非形象化、非结构化的表现形式才是我们今天看到的洞窟艺术的最大特点。

因此，让我们在此回顾一下地下创作的一个重要方面，即人们在地下的身体体验：

1. 时间被拉长的感觉，甚至会让人有一种从时间中解脱出来的感觉；

2. 被禁锢的感觉，在一个可能非常狭小或非常深的地下空间里；

3. 触觉，用手扶着岩壁，或者趴在地上的黏土里缓缓前进，手触摸到的表面可能是干燥的或者黏稠的，手会陷入泥中，或者被粗糙的表面划伤而感到疼痛，有时你会渴望了解并临摹自己在洞中发现的指纹或动物遗骸，或者把其中一些带出洞外，在日光之下观察它们。

第七章　拉斯科与史前人类

从前面的洞穴考古清单中可以看出，这个史前男人（或女人）已经尽可能地深入到最狭窄、最危险的空间，并充分利用了这作为画卷的空间蕴藏的所有可能性。他在全身心地投入其中。洞穴被"使用"之后，其他人——不论男女老幼（正如我们前面看到的）——就可以重复这一探索。让自己被囚禁（滞留）在地下，逃离时间，以及洞外的无限空间，进入神话的世界。

洞穴是最能激发人类想象力的地方之一，无论它来自西方还是来自另一块大陆[1]。我说的洞穴不仅仅是指地质洞穴，也包括其他地下空间，是我们脚下可能存在的东西。当然，在生命结束时，我们都将归于地下。但是，我们是否也有可能深入地下呢？让-洛伊克·勒凯莱克的研究表明，人类最早的神话之一就是人和动物走出地下的环境，出现在大地上，自此开始经历死亡：这就是"起源神话"[2]。人们对洞穴的渴望使得他们一旦感到缺乏，就会重新创造！例如新石器时代的地下墓穴、人工墓穴[3]和自古希腊雅典时期就存在的装饰花园的奇幻洞穴。[4]

在走进洞穴的时候，没有人会感到无动于衷。你会体验到诺伯

---

[1] 此处节选自本书作者近年发表的另一篇文章（Pigeaud, 2017）。
[2] Le Quellec, 2014.
[3] Guilaine, 2015.
[4] Brunon, Mosser, 2014.

尔·卡斯特雷（Norbert Casteret）所说的"神秘的狂热"[1]，抑或是恐惧。我认识一些人，他们是说什么都不会走入地下的！出于对黑暗的恐惧、对蜘蛛的恐惧、幽闭恐惧症……

今天，当我们进入地下时，往往是为了迎接挑战，证明自己有能力克服对黑暗的恐惧（尽管人类原本是夜行动物！）。此外，我们还出于好奇，想要去探索大自然的奥妙。但自从我们在19世纪了解到史前人类的存在，这样做也是为了更接近史前人类——我们中的大多数人仍然称他为"穴居人"。

> 我趴在地上，手里攥着手电筒，双眼迷失在地下的重重阴影之中，我感觉自己像是一个新时期的阿尔戈水手，正在跨过未知世界的门槛，穿越那过去时代的漫长黑夜。从此刻起，我不知多少次感受到那股神圣的狂热，它从未让我失望，也从未磨灭我的热情，推动着我在历经千年的尘埃上行走，唤起过去，发现人类最初的遗迹……[2]

事实上，我们早就知道克罗马农人从未在地下生活过。即便如此，我们仍然对这番描述感同身受。可以打赌，"地下游览"的成功在一定程度上也得益于此。"起源神话"不断影响着我们，让我们满怀激动，把想象中的祖先和真实的祖先混为一谈。

---

[1] Casteret, 1936, p. 16.
[2] Ibid, p. 17.

而当我们走出洞穴时，感受又如何呢？毫无疑问，有些人会感到如释重负，而大多数人则会因为旅程已经结束而失望。所有人都会感到自豪，因为他们战胜了恐惧，或者通过了考验。就像一次新生。时间消失了，每个人都会对洞外时间的流逝感到惊讶，有时是几个小时，有时甚至是几天，在黑暗中，时间好像是停滞的。[1]

史前人类也曾有过这样的感觉吗？困难就在于此……

我们绝不能忘记一个基本原则、同时也是显而易见的事实：我们这些生活在21世纪的西方人并不是狩猎—采集者。即使现在正在流行"旧石器时代饮食法"，每个人也都赞同"回归大地"的生活，但我们都是来自近东地区的新石器时代农民的后裔，即使与这些先人有过基因混合，后者也只体现出边缘性的影响。换句话说，旧石器时代的世界与我们永远是格格不入的。如果说我们与所谓的克罗马农人有某种联系，那是因为我们也是智人，与他们拥有相同的神经系统"工具包"。但我们是否可以因此断言，在黑暗的洞穴中，我们也会跟他有同样的反应呢？

即使某些史前科学家曾经这样认为，他们也在很久之前就学到了应该如何保持谦逊和虚心。最近的一课来自3位从纳米比亚

---

[1]　Pigeaud, 2005b.

到访法国的原住民追踪者契卡、达奥和昆塔（Ciqae、Thao、Kxunta）。这 3 位圣德苏姆奎族（San de Tsumkwe）追踪者来自当地的居／欧安部落（Ju/'hoan），他们应邀来法国对阿列日省的尼奥（Niaux）、丰塔奈（Fontanet）和图克达杜拜尔（Tuc d'Audoubert）岩洞以及洛特省的佩奇—梅勒（Pech-Merle）洞穴中发现的旧石器时代人类足迹进行分析。[1]

这些足迹闻名已久，已有众多知名专家得出的研究结果。例如：在尼奥洞穴中，据说有两三个年龄在 9—12 岁之间的孩子跳"祭祀舞"的足迹。而在追踪者们看来，这 38 个脚印是一个 12 岁的孩子的杰作，他可能以一种"毫无章法"的方式行走，至少没有刻意做出任何精确的动作。在佩奇—梅勒，人们发现一个成年人陪伴着一个孩子的脚印，或者也可能是一个年轻成年人的足迹。但什么都逃不过这些无情的追踪者的眼睛，他们发现了此前史前学家们没看到的 6 个脚印，所以一共有 5 个人，年龄在 9—50 岁之间：两男两女（其中一个 30 岁）和一个孩子。其余的都与之相吻合！

图克达杜拜尔洞穴中著名的"脚跟舞"曾引发各类文献书籍中对一串奇怪脚印各种各样的解释和阐发，这串脚印位于一个小洞室里，与著名的野牛浮雕所在的洞室相邻，艺术家们把黏土储备在这里。根据一些专家的解释，可能曾有一些孩子们在雕

---

[1] Pastoors *et al.*, 2015.

塑家身边玩耍，翘起脚趾用脚后跟踩地走得很开心。另一些人则认为，这是一种伴随着浮雕创作的"舞蹈仪式"。在这里，追踪者发现了两个足迹：一个是 38 岁的男子，另一个是 14 岁的男孩。在观察了脚印下沉的程度后，他们得出结论，这些脚印是雕刻者自己的脚印，他们挖开黏土，来回两次将沉重的材料块（每块重约 45 千克）搬运到另一侧。搬运的重物令他们的脚后跟在洞穴松软的地面上留下了深深的印记（最多 5 厘米），才让人误以为这些人是踮起脚尖用脚后跟在行走。

就这样，追踪者令专家们想象中的美妙故事彻底破碎了，而这些故事曾让几代学生魂牵梦绕。我们应该相信他们吗？我们是不是过于重视他们了？他们挫败了一群最优秀专家的前沿理论。这是科学与本能之间旷日持久的斗争的又一段插曲。一个永恒的主题。他们是出色的猎手，善于破译脚印，就像温尼托或者我们想象中戴着海狸皮帽的猎人一样熟练。我们喜欢这些故事，印第安人如何打倒了自命不凡的西方人。验证追踪者分析结果的研究正在进行中。第一篇相关的文章刚刚发表，似乎支持了他们的观点[1]。这一次，本能占据了上风……

史前人类在洞穴中感受到了什么？尽管我们并不了解他的内心感受，也与他没有任何"默契"，但还是可以快速地勾勒出一幅图画。

---

[1] Pastoors et al., 2016.

史前人类的身边充满了图像——岩石上、皮革帐篷甚至身体上——因此,装饰洞穴是理所当然的事,尤其因为洞穴代表了永恒的风景,也是人类起源神话的一部分。

不过,洞穴不仅是人类和动物从黑暗中最初涌现的地方,它还是一个开发过的空间,有些人会定期返回洞穴。

这个地下空间被驯化了;洞壁与华丽装饰完全融为一体,洞穴的建筑结构改变了行进的方向。探索阶段和装饰的准备阶段结束后,进入洞穴就成了一种例行公事,至少也是有规律的行动。在我看来,正是这种规律性让我们可以谈论仪式。[1]

人类已经走出洞穴。没有焦虑,没有担忧。他对我们有关洞穴的谈论和幻想都嗤之以鼻。当我们进入地下时,感觉自己仿佛能与他交流。分享同样的感受。大错特错。这或许更贴近于一位信徒进入教堂时的感受。没有夸张的情感,没有过度的神秘主义。也许像我们在周日早上不得不离开被窝去做弥撒时一样,感到无聊沉闷。这很不浪漫,也不太虚无主义,但更现实。[2]

---

[1] Pigeaud, 2007b.

[2] "因此,回归本源是徒劳的:本源是非常日常的。" Veyne, 1988, p. 20.

第七章　拉斯科与史前人类

确定拉斯科的年代

首先要记住的是，拉斯科壁画的颜料是用锰制作的，无法直接确定其年代。但是，发掘出的物品上有与洞壁相同的抽象符号，这意味着可以将地层检测与装饰行为联系起来。问题是：如何确定考古地层的年代？

拉斯科是最早进行碳-14测定的遗址之一。1951年，从井状坑挖掘出的木炭碎片的年代测定为距今15 516年左右，也就是第二次到访期间，即洞穴的装饰时间。[1]

布勒伊神父对这一年代测定结果提出了异议，即使没有明确反对，这也足以让他非常恼火。因为鉴定结果显示拉斯科的装饰属于马格德林文化，而他此前根据风格比较以及对出土石器和骨器的分析，断定拉斯科属于"佩里戈尔文化"（格拉维特文化在当地的一个分支）。他在通道和井状坑的发掘中提取的其他样本令情况变得更糟，两个年代分别为17190±140BP和16000±500 BP。另外5个取样，来自史前人第三次对洞穴的访问区域，平均年代为8380±60 BP。关于第一次访问，当时

---

[1] BP，即距今……年前，"今日"通常指1950年，这一点在前文注释中已有过介绍。也就是说，根据雅克·埃文（Jacques Evin）的计算（Leroi-Gourhan, Evin, 1979），该日期为公元前13566±900年。如今，碳-14测定是通过与其他测年方法进行比较来校准的。仅仅根据碳-14的减少已经不能有效确定年代了。

没有足够的材料来测定年代。

亨利·布勒伊的处境与多年后他的继任者们确定肖韦洞穴的年代时遇到的情况相同。1979年，物理学家雅克·埃文（Jacques Evin）在与装饰阶段相关的3个日期之间取了平均值，此举遭到了很多统计学家的批评，在他们看来，对平均年代再次平均化的做法本身就是无稽之谈。埃文得出了17070±130BP这个结果。这个数字将长久地留在公众的记忆中，在各种科普读物和导游的口中久久相传，在大约40年的时间里，人们不断复述着"拉斯科壁画已有17 000年的历史"。

将拉斯科划归马格德林文化的观点获得了雅克·阿兰的支持，他继布勒伊神父之后对拉斯科出土的石器和骨器（535件石器和51件骨质工具）进行了研究[1]。尽管他指出了其中的一些不确定因素，但"仅凭双平行锯和带孔骨针切割驯鹿鹿角的方式本身就足以证明马格德林文化的特征"[2]。现在看来，带孔骨针早在梭鲁特文化时期就已出现，雅克·阿兰也承认，这种出现较早、但逐步式微的切割技术在巴德古里安文化中强势回归。此外，出土的石器似乎是非常早期的马格德林文化的产物，被称为马格德林文化Ⅱ，非常接近巴德古里安文化（也被称为"用骨刮的马格德林人"，得名自其典型工具之一）。尽管

---

[1] Allain, 1979.

[2] Ibid, p. 114.

很多理论支持将这些发现归于马格德林文化Ⅱ，但其推理主要基于否定的标准：没有发现格拉维特、梭鲁特或马格德林中期的典型代表物。对此，我们也可以说，除了几个"三角形"之外，与马格德林文化Ⅱ相关的物件也几乎没有，三角形也只有3个。至于出土的标枪，"更接近于马格德林文化"。

安德烈·勒华－古杭则根据自己的风格编年体系划定了几个创作阶段，它们与安德烈·格洛里的阶段划分大体一致，只是时间上间隔更近，因为考古地层较薄。安德烈·勒华－古杭认为，"所有迹象构成的网络足够严密，足以将拉斯科定位于梭鲁特文化下半叶和马格德林文化中期的开头（Ⅲ—Ⅳ）之间"。[1]

"正如我们所见，拉斯科的年代和风格归属并不确定。……出土的大部分物品，包括单刃细石叶、标枪和带孔骨针，都既可能属于梭鲁特文化也可能是马格德林文化。"[2]

随后在1998年，根据对亨利·布勒伊和塞弗兰·布朗在1949年（为寻找被野牛杀死的猎人的墓地而进行的挖掘中）发现的一块用驯鹿鹿角做的细棒碎片的年代检测，得出了一个新的年代：18600±190BP，这令拉斯科的年代恰好处于梭鲁特文化和巴德古里安文化的交会点。[3]

---

[1] Leroi-Gourhan, 1965, p. 258.

[2] Aujoulat, 2004, p. 59.

[3] Aujoulat *et al.*, 1998.

从那时起,包括我在内的多位研究人员开始大胆假设,支持诺贝尔·阿茹拉的理论,认为拉斯科是一个梭鲁特人创造的洞穴。尽管在那里还没有发现任何典型的梭鲁特文化的物品。毕竟,这并不是什么稀奇事:马耶纳省的马耶纳—科学洞穴已经由碳-14检测确定为格拉维特时期的洞穴,尽管在该洞穴中没有发现任何属于格拉维特文化的物品。而被测定属于奥瑞纳文化时期的肖维岩洞也不靠近任何奥瑞纳文化遗址。

除此之外还有其他的论据,既有风格学方面的,也有图像学方面的:例如,将动物形态或标志类型与年代明确的梭鲁特文化遗址进行比较。或者找到反复出现的关联,如面对面的山羊或人面对牛。说实在的,这样做可以避免在一个问题上长期拉锯战式的争论。事实上,人们早就注意到拉斯科遗址和一些梭鲁特文化遗址[1]之间的相似之处。但研究人员更倾向于将其视为拉斯科风格的开端或萌芽[2]。现在,这一论断被推翻了:梭鲁特艺术并不是拉斯科风格的预告,拉斯科风格反而是梭鲁特风格的一部分。

布里吉特·德吕克和吉勒·德吕克对这一新的假设提出了质疑。他们坚持将考古材料归属于马格德林 Ⅱ 时期。在他们看来,有两种解决方案:要么这种文化出现得比预期的要早,要么年代测定存在缺陷。他们要求重新测定年代,包括对最近在

---

[1] Le Fourneau-du-Diable, le Roc-de-Sers, La Tête du Lion.
[2] Delluc, Delluc, 1987.

安德烈·格洛里的档案中发现的木炭进行年代测定。但愿他们能成功。

说到底，这又有什么关系呢？对于21世纪的人来说，1 000年或4 000年的差别是难以想象的。从这个意义上说，它微不足道，却又至关重要，因为拉斯科这一杰作可能会因此被包括或排除在马格德林文化之外，而马格德林文化是最有成就和最精致的文化。这种降级是不可接受的。此外，也可以在用词上加以调整，更精确地咬文嚼字：拉斯科可以是具有"梭鲁特传统"的马格德林洞穴，以此来挽回一些局面。

事情终于明朗起来。拉斯科表达的无疑是一个世界的终结。在洞中的墙壁上，形象和符号正在充分享受自由形式的最后时光。正如斯蒂芬·佩特罗纳尼所言，我也认为，马格德林文化标志着史前图像表现发展的一次断裂：风格更加僵硬，传统更加严格。艺术家们追求的更多是"真实"而非"自然"，换句话说，他们试图尽可能地贴近现实：鲁菲尼亚克的马连一根鬃毛都没有缺失。但这样做的代价是形式多样性的相对丧失。图像感染力依然强烈，却缺乏原创性。在斯蒂芬·佩特罗纳尼看来[1]，这是思想转型的结果，意味着一个规则束缚更繁复的社会的出现。我们能作出这样的断言吗？无论如何，可以肯定当时的确发生了一些事情。

---

[1] Petrognani, 2013.

结论

拉斯科并不是艺术的开端，也不是人类的开始。但正是在拉斯科，在这个巨大而狭窄的洞穴里，在这布满形象的洞壁上，在这个似乎从来都不曾作为普通之地存在的空间里，艺术无疑第一次充分发挥了主动性，为人类开辟了一个接近自身、接近奇迹的非同寻常的寓居之所，而要达到这个目的，必然要隐藏和抹去自己——才能重新发现自己：威严的大公牛、狂怒的野牛、优雅的小马、梦幻般轻盈的鹿群，甚至还有那些跳来跳去的可笑的大奶牛。[1]

莫里斯·布朗肖这段爱的宣言很好地概括了整个拉斯科悖论。这个装饰奇特的洞穴不是唯一的，也不是最美的[2]。由于年代不详，挖掘不力，它就像从海边带回的美丽贝壳：失去确切的背景，就那样被放置在橱窗里，而后渐渐失去色彩，落满灰尘。

---

[1] Blanchot, 1972, pp. 19-20.
[2] 我最喜爱的是鲁菲尼亚克洞穴。

结论

然而，一切似乎都围绕着它。每个人都为其添加了自己的故事和个性[1]。即使有了肖维岩洞的出现，即使当今有421个已知的装饰洞穴[2]，当我们谈到艺术的起源时，首先想到的还是这个雄伟的佩里戈尔洞穴。拉斯科洞穴的精神——如果真的有属于一个地点的精神的话——是极其强大的。为什么会这样呢？

我们先后回顾了真实的拉斯科、艺术家笔下的拉斯科和史前学家笔下的拉斯科，探讨了拉斯科的发现及其影响，尤其是关于拉斯科的保护所引起的世界性争议。现在，拉斯科已经走出国门，全人类都在关注它的健康状况。

正如我们所看到的，拉斯科激发了各种可能的阐释和解读。这常常会激怒史前学家，但他们必须面对现实：拉斯科并不属于他们。每个人都有权利提出自己的理论。无论如何，它都会像其他理论一样：有可能，但无法证实。

我们应该为此而感动吗？保罗·韦恩（Paul Veyne）在一篇风趣而富有启示的文章中呼吁创建一种"艺术社会学，在这一学科中，艺术作品传达的远非一种图式和意识形态，而是一种我们或许不屑一顾、视而不见但却非常重要的环境装饰。（让我

---

[1] "如果18世纪的人们走进拉斯科洞穴，他们会在黑暗的洞壁上看到人类早期田园牧歌般的心灵，幸福、天真、淳朴，就像他们在梦中经常看到的那样。"（Blanchot, 1972, pp. 11-12）

[2] 根据让－洛伊克·勒凯莱克最新的统计结果。个人渠道信息。

们仅限于研究）艺术的平庸"[1]。史前人类会凝视拉斯科壁画吗？他们是会对其进行分析，还是仅仅把它们视为空间装饰？当我们在画廊、美术馆里看到传说和神话仪式的庆典，这难道不是幻想的作用吗？

> 纪念碑不是向他人传达的信息，也不是美好人性的理想表达，更不是社会的面貌。纪念碑是为了表达将其从地面升起的那种力量。[2]

让我们回到最核心的话题：拉斯科是在一个特定的时代为一个特定的群体装饰的。几千年之间，人们经常回到这里，但并不总是为了什么伟大事件[3]。拉斯科不得不忍受日常活动的平庸。如果拉斯科确实是一座圣殿，那么某些日子的仪式活动就必然是机械的，就像日常的弥撒一样。现在的史前研究者大部分都已不再是信徒，他们只在特殊场合才去教堂，已经不会再体会到这一点：仪式并不一定意味着盛大的庆典。

碰巧的是，这种装饰融入一个特殊的洞穴中，那里的洞壁洁白无瑕，因此赋予了这种表现形式直接的视觉冲击力。我们的同时代人不需借助任何帮助就能看到它们。1940年这一近乎奇迹的发现被视为希望的象征，从此深深地扎根于法国人民的心

---

[1] Veyne, 1988, p. 4.
[2] Ibid, p. 11.
[3] "因此，回归本源是徒劳的：本源是非常日常的。"见前揭，p. 20。

中。一个壮丽的遗址，一个美丽的故事：足以写下另一部《伊利亚特》和《奥德赛》。

归根结底，拉斯科的精神或许只是一个巨大的误解：洞穴满足了人们对神话的期待和对起源的追寻，就像可以利用的材料一样，每个人都可以构建属于自己的小拉斯科。那么，真正的拉斯科在哪里？

古斯塔夫·福楼拜在一篇令人捧腹的文章中总结了他对卡尔纳克洞穴的看法，并嘲讽了当时所有的理论（其中一些理论至今仍被后代继承者所捍卫）："在阐述了所有学者的观点之后……如果有人反过来问我，我对卡尔纳克的石头有什么想法，因为每个人都有自己的想法，我会给出一个无可辩驳、不可抗拒的观点……这个观点就是：卡尔纳克的石头是些大石头。"[1] 而我也将以这一无可辩驳的宣言作为本书的结束语：拉斯科是一个经过装饰的洞穴。

---

[1] Flaubert, 2016, p. 34.

参考文献

Allain, 1979: ALLAIN Jacques, «L'industrie lithique et osseuse de Lascaux», in Jacques ALLAIN, Arlette LEROI-GOURHAN (dir.), *Lascaux inconnu*, Paris, CNRS Éditions, XIIe supplément à *Gallia Préhistoire*, 1979, pp. 87-120.

Allain, Leroi-Gourhan, 1979: ALLAIN Jacques, LEROI-GOURHAN Arlette (dir.), *Lascaux inconnu*, Paris, CNRS Éditions, XIIe supplément à Gallia Préhistoire, p. 388.

Allemand, 2003: ALLEMAND Luc, « Qui sauvera Lascaux? », *La Recherche*, no 363, pp. 26-33.

Anonyme, 2008: « La chercheuse, le bestiaire et les étoiles », *Science et inexpliqué*, dossier « Peintures de Lascaux: L'astronomie des Cro-Magnon? », no 4, 2008, pp. 26-31.

Antequera Congregado, 1991: ANTEQUERA CONGREGADO Luz, *Arte y astronomia. Evolucion de los dibujos de la constellaciones*, Tesis doctoral, Madrid, p. 708, non publiée.

Apellániz, 1984: APELLÁ NIZ Juan María, « L'auteur des grands taureaux de Lascaux et ses successeurs », *L'Anthropologie*, no 88/4, 1984, pp. 539-561.

Aujoulat, 2004: AUJOULAT Norbert, *Lascaux, le geste, l'espace et le temps*, Paris, Seuil, coll. « Arts rupestres », 2004, p. 276.

Aujoulat *et al.*, 1998: AUJOULAT Norbert, CLEYET-MERLE Jean-Jacques, GAUSSEN Jean, TISNERAT Nadine, VALLADAS Hélène, « Approche chronologique de quelques sites ornés paléolithiques du Périgord par datation carbone 14 en spectrométrie de masse par accélérateur de leur mobilier archéologique », *Paleo*, no 10, 1998, pp. 319-321.

Aujoulat *et al.*, 2003: AUJOULAT Norbert, CHALMIN Émilie, VIGNAUD Colette, GENESTE Jean-Michel, MENU Michel, «Lascaux: les pigments noirs de la Scène du Puits », in COLLECTIF, *L'art avant l'histoire. La conservation de l'art préhistorique,* Actes des 10es journées d'études de la SFIIC, Paris, mai 2002, Champs-sur-Marne, SFIIC (Section française de l'Institut international de conservation), 2003, pp. 5-14.

Averbouh, Feruglio, 2016: AVERBOUH Aline, FERUGLIO Valérie, « L'ancrage du symbolique dans le réel. Réflexions sur les représentations de bois de cerfs à Lascaux (Dordogne, France) », in COLLECTIF, *Hommage à Norbert Aujoulat, Paleo,* numéro hors série, 2016, pp. 91-102.

Azéma, 2010: AZÉMA Marc, *L'art des cavernes en action, tome 2: Les animaux figurés,* Paris, Errance, coll. « Hespérides », 2010, p. 472.

Azéma, 2015: AZÉMA Marc, *La Préhistoire du cinéma,* Arles-Narbonne, Errance/ Passé Simple, 1re éd. 2011, p. 304.

Bahn, 2016: BAHN Paul G., *L'art de l'époque glaciaire,* traduit de l'anglais par Jean-Loïc Le Quellec, Arles, Errance, coll. « Pierres tatouées », 2016.

Balbin Behrmann, 2003: BALBIN BEHRMANN R. de, ALCOLEA GONZALEZ J. J., GONZALEZ PEREDA M. A., « El macizo de Ardines, un lugar mayor del arte paleolitico europeo», in COLLECTIF, *El Arte Prehistorico desde los inicios del siglo XXI,* Primer Symposium Internacional de Arte Prehistorico de Ribadesella, Associacion Cultural Amigos de Ribadesella, 2003, pp. 91-151.

Barrière, Sahly, 1964: BARRIÈRE Claude, SAHLY Alain, « Les empreintes humaines de Lascaux », in COLLECTIF, *Miscelanea en homenaje al Abate Henri Breuil,* Barcelone, Instituto de Prehistoria y Arqueologia, t. 1, 1964, pp. 173-180.

Bataille, 1970-1988: BATAILLE Georges, *Œuvres complètes,* 12 vol., Paris, Gallimard, 1970-1988.

Bataille, 1992: BATAILLE Georges, *Lascaux ou la naissance de l'art,* Paris, Skira, 1re éd. 1955, 1992.

Baumann, 2001: BAUMANN Hans, *Le mystère des grottes oubliées,* trad. Isabelle Nicol, Paris, Flammarion, coll. « Castor Poche », 1re éd. 1953, 1955 pour la traduction française, 152001, p. 238.

Beaune, 2016: BEAUNE Sophie A. de, *Qu'est-ce que la Préhistoire?*, Paris, Gallimard, coll. « Folio » no 251, 2016, p. 380.

Berrouet, 2009: BERROUET Florian, *Les altérations d'origine biologique dans l'art pariétal: exemple des relations structurales et conceptuelles entre le mondmilch et les représentations paléolithiques. Cas particulier de la grotte de Lascaux et enjeux conservatoires,* Thèse de doctorat en Préhistoire et géologie du Quaternaire, Université de Bordeaux-1, 2009, non publiée.

Berrouet, 2011: BERROUET Florian, «Lascaux. Enquête sur une crise bactérienne », *Archéologia*, no 489, 2011, pp. 26-35.

Blanc, 1953: BLANC Séverin, *Lascaux. Quelques vues personnelles*, Extrait du *Bulletin de la Société d'études et de recherches préhistoriques des Eyzies*, Périgueux, R. & M. Magne, 1953.

Blanchot, 1972: BLANCHOT Maurice, « La naissance de l'art », in *L'Amitié*, Paris, Gallimard/NRF, 1972, pp. 9-20.

Blanchot, 1982: BLANCHOT Maurice, *La bête de Lascaux*, Paris, Fata Morgana, 1982, p. 48

Breuil, 1940: BREUIL Henri, *La grotte de Lascaux. Rapport de H. Breuil*, Publication du rapport lu devant l'Académie des inscriptions et belles-lettres, le 11 octobre 1940, Périgueux, Imprimerie Ribes, 1940.

Breuil, 1952: BREUIL Henri, *Quatre cents siècles d'art pariétal. Les cavernes ornées de l'âge du Renne*, Montignac, Centre d'études et de documentation préhistoriques, 1952, p. 413.

Breuil, 1954: BREUIL Henri, « Les datations par C14 de Lascaux (Dordogne) et Philip Cave (S. W. Africa) », *Bulletin de la Société préhistorique française*, no 11- 12, 1954, pp. 544-549.

Breuil, 1955: BREUIL Henri, « Découverte par M. l'abbé Glory de débris de corde paléolithique à la grotte de Lascaux (Dordogne) », *Comptes rendus des séances de l'Académie des inscriptions et belles-lettres*, no 99/2, 1955, p. 194.

Broch, Charpak, 2002: BROCH Henri, CHARPAK Georges, *Devenez sorciers, devenez savants,* Paris, Odile Jacob, 2002, p. 300.

Brunet, Vouvé, 1996: BRUNET Jacques, VOUVÉ Jean, *La conservation des grottes ornées,* Paris, CNRS Éditions, 1996, p. 264.

Brunon, Mosser, 2014: BRUNON Hervé, MOSSER Monique, *L'imaginaire des grottes dans les jardins européens*, Paris, Hazan, coll. « Beaux-arts », 2014, p. 400.

Casteret, 1936: CASTERET Norbert, *Au fond des gouffres*, Paris, Librairie académique Perrin, 1936, p. 294.

Chalmin et al., 2004: CHALMIN Émilie, MENU Michel, POMIÈS Marie-Pierre,

VIGNAUD Colette, AUJOULAT Norbert, GENESTE Jean-Michel, « Les blasons de Lascaux », *L'Anthropologie*, no 108, 2004, pp. 571-592.

Char, 2016: CHAR René, *Œuvres complètes*, Paris, Gallimard, coll. « Bibliothèque de la Pléiade », 1re éd. 1983, 2016, p. 1528.

Charrière, 1970: CHARRIÈ RE Georges, « La mythique licorne de Lascaux. L'élément W de sa bande », *Revue de l'histoire des religions*, t. 177, fasc. 2, 1970, pp. 136-145.

Chassain, Tauxe, 2016: CHASSAIN Hervé, TAUXE Denis, *La grande histoire de Lascaux. De la Préhistoire au XXIe siècle*, Bordeaux, Éditions Sud-Ouest, 2016, p. 144.

Clottes, 1995: CLOTTES Jean, «Changements thématiques dans l'art du Paléolithique supérieur », *Préhistoire ariégeoise*, Bulletin de la Société préhistorique Ariège-Pyrénées, L, 1995, pp. 15-34. Rééd.: *Voyage en préhistoire. L'art des cavernes et des abris, de la découverte à l'interprétation*, Paris, La Maison des Roches, 1998, pp. 405-419.

Clottes, 2011: CLOTTES Jean, *Pourquoi l'art préhistorique?*, Paris, Gallimard, coll. « Folio essais », 2011, p. 336.

Clottes, Larue-Charlus, 2003: CLOTTES Jean, LARUE-CHARLUS G., « Quelques compléments sur l'art de Gabillou », *Préhistoire, Art & Sociétés*, Bulletin de la Société préhistorique Ariège-Pyrénées, t. LVIII, «Mélanges Jean Gaussen», 2003, pp. 29-45.

Clottes, Lewis-Williams, 1996: CLOTTES Jean, LEWIS-WILLIAMS David, *Les chamanes de la Préhistoire. Transe et magie dans les grottes ornées*, Paris, Seuil, coll. « Arts rupestres », 1996, p. 119.

Collectif, 1990: *Le livre du Jubilé de Lascaux 1940-1990*, supplément au tome CXVII du *Bulletin de la Société historique et archéologique du Périgord*, 1990, p. 150.

Collectif, 2011: *Lascaux et la conservation en milieu souterrain*, Actes du symposium international, Paris, 26 et 27 février 2009, Textes réunis par Noël Coye, Paris, Éditions de la Maison des sciences de l'homme, coll. « Documents d'archéologie française » no 105, 2011, p. 360.

Conkey, 1980: CONKEY Margareth W., «The Identification of Prehistoric Hunter-gatherer Aggregation Sites: The Case of Altamira », *Current Anthropology*, no 21/5, 1980, pp. 609-630.

Couraud, Laming-Emperaire, 1979: COURAUD Claude, LAMING-

EMPERAIRE Annette, «Les colorants», in Jacques ALLAIN, Arlette LEROI-GOURHAN (dir.), *Lascaux inconnu,* Paris, CNRS Éditions, XIIe supplément à *Gallia Préhistoire,* 1979, pp. 153-171.

Dagen, 2003: DAGEN Philippe, Préface, in Jean-Michel GENESTE, Tristan HORDÉ, Chantal TANET, Lascaux, une œuvre de mémoire, Périgueux, Fanlac, 2003, pp. 7-13.

Dagen, 2010: DAGEN Philippe, *Le peintre, le poète, le sauvage. Les voies du primitivisme dans l'art français*, Paris, Flammarion, coll. « Champs » no 655, 2010, p. 608.

David, Lefrère, 2013: DAVID Bertand, LEFRÈRE Jean-Jacques, *La plus vieille énigme de l'humanité*, Paris, Fayard, 2013, p. 180.

Delannoy et al., 2012: DELANNOY Jean-Jacques, GENESTE Jean-Michel, JAILLET Stéphane, BOCHE Elisa, SADIER Benjamin, « Les aménagements et structures anthropiques de la grotte Chauvet – Pont-d'Arc: apport d'une approche intégrative géomorpho-archéologique », in Jean Jacques Delannoy, Stéphane Jaillet, Benjamin Sadier, *Karsts, Paysages et Préhistoire,* Collection Edytem, no 13, 2012, p. 43-62.

Delluc, Delluc, 1979: DELLUC Brigitte et DELLUC Gilles, «Lascaux. Les dix premières années sous la plume des témoins», in Jacques ALLAIN, Arlette LEROI-GOURHAN (dir.), *Lascaux inconnu,* Paris, CNRS Éditions, XIIe supplément à *Gallia Préhistoire*, 1979, pp. 21-34.

Delluc, Delluc, 1984: DELLUC Brigitte et DELLUC Gilles, *Lascaux. Art & Archéologie,* Périgueux, Les Éditions du Périgord noir/Emmanuel Leymarie, 1984, p. 96.

Delluc, Delluc, 1987: DELLUC Brigitte et DELLUC Gilles, « Les méthodes d'approche chronologique des œuvres pariétales du Paléolithique supérieur franco-cantabrique », *Pact*, 17, III/2, 1987, pp. 393-409.

Delluc, Delluc, 1989: DELLUC Brigitte et DELLUC Gilles, « Le sang, la souffrance et la mort dans l'art paléolithique », *L'Anthropologie*, no 93/2, 1989, pp. 389-406.

Delluc, Delluc, 1990: DELLUC Brigitte et DELLUC Gilles, « Essai de lecture de trois figures de Lascaux », in COLLECTIF, *Le livre du Jubilé de Lascaux 1940-1990*, supplément au tome CXVII du *Bulletin de la Société historique et archéologique du Périgord*, 1990, pp. 131-139.

Delluc, Delluc, 2003a: DELLUC Brigitte et DELLUC Gilles, «Marcel Ravidat, inventeur de Lascaux», *Bulletin de la Société historique et archéologique du Périgord*, t. CXXX, 2003, pp. 491-510.

Delluc, Delluc, 2003b: DELLUC Brigitte et DELLUC Gilles, Lascaux retrouvé, Périgueux, Pilote 24 Éditions, 2003, p. 364.

Delluc, Delluc, 2006: DELLUC Brigitte et DELLUC Gilles, *Connaître Lascaux,* Bordeaux, Éditions Sud-Ouest, 2006, p. 80.

Delluc, Delluc, 2008: DELLUC Brigitte et DELLUC Gilles, *Dictionnaire de Lascaux,* Bordeaux, Éditions Sud-Ouest, 2008, p. 350.

Delluc, Delluc, 2010: DELLUC Brigitte et DELLUC Gilles, « Lascaux et la guerre. Une galerie de portraits », *Bulletin de la Société historique et archéologique du Périgord*, t. CXXXVII, 2010, pp. 159-202.

Delluc, Delluc, 2012: DELLUC Brigitte et DELLUC Gilles, «De quand date Lascaux?», *Bulletin de la Société historique et archéologique du Périgord*, t. CXXXIX, 2012, pp. 375-400.

Delluc, Delluc, 2016: DELLUC Brigitte et DELLUC Gilles, «La découverte de Lascaux en 1940. Du nouveau avec les Alsaciens», *Bulletin de la Société historique et archéologique du Périgord*, t. CXLIII, 2016, pp. 361-373.

Delluc, Delluc, 2017: DELLUC Brigitte et DELLUC Gilles, *L'art pariétal de Cro-Magnon*, Rennes, Éditions Ouest-France, 2017, p. 144.

Delzard, 1990: DELZARD Daniel, « René Char et les millénaires de l'humanité », in COLLECTIF, *Dialogues d'histoire ancienne*, no 16/1, 1990, pp. 13-43.

Demars, 2016: DEMARS Pierre-Yves, *Meurtres à Lascaux,* La Crèche, Geste Éditions, coll. « Le Geste noir », 2016, p. 250.

Demoule, 2012: DEMOULE Jean-Paul, *On a retrouvé l'histoire de France. Comment l'archéologie raconte notre passé,* Paris, Robert Laffont, 2012, p. 336.

Dequerlor, 1975: DEQUERLOR Christine, *Les oiseaux messagers des dieux*, Paris, Albin Michel, 1975, p. 257.

Doize, 1965: DOIZE Renée L., « Un épisode de chasse à la grotte de Lascaux (le cheval qui tombe) », *Revista da Faculdade de Letras de Lisboa*, IIIe série, no 9, 1965.

Fabre, 2014: FABRE Daniel, *Bataille à Lascaux. Comment l'art préhistorique apparut aux enfants,* Paris, L'Échoppe, 2014, p. 142.

Fanlac, 1986: FANLAC Pierre, *La merveilleuse découverte de Lascaux*, Périgueux,

Fanlac, 1986, p. 76

Félix, 1989: FÉLIX Thierry, *Les œuvres pariétales de la Salle des taureaux et du Diverticule axial de la grotte de Lascaux,* Diplôme d'études doctorales, 1989.

Félix, 1990: FÉ LIX Thierry, « Historique de la découverte et des relevés de la grotte de Lascaux», in COLLECTIF, *Le livre du Jubilé de Lascaux 1940-1990,* supplément au tome CXVII du *Bulletin de la Société historique et archéologique du Périgord,* 1990, pp. 13-67.

Félix, Bigotto, 2002: FÉLIX Thierry, BIGOTTO Philippe, *Le secret des bois de Lascaux,* Sarlat, Dolmen Éditions, 1re éd. 1990, 2002, p. 46.

Flaubert, 2016: FLAUBERT Gustave, *Carnac vu par Gustave Flaubert,* Paris, Nouvelles Éditions Scala, coll. « Pittoresques », 2016, p. 64.

Fléchet, Zeitoun, 2010: FLÉ CHET Grégory, ZEITOUN Charline, « Sauver Lascaux », *Le Journal du CNRS,* no 251, 2010, pp. 20-29.

Gaussen, 1988: GAUSSEN Jean, « Lascaux, Gabillou: même école, mêmes conventions », *Bulletin de la Société historique et archéologique du Périgord,* t. CXV, 1988, pp. 195-201.

Geneste, 2011: GENESTE Jean-Michel, « Les grandes étapes de la conservation de la grotte de Lascaux », in COLLECTIF, *Lascaux et la conservation en milieu souterrain, Actes du symposium international,* Paris, 26 et 27 février 2009, Textes réunis par Noël Coye, Paris, Éditions de la Maison des sciences de l'homme, coll. « Documents d'archéologie française » no 105, 2011, pp. 51-79.

Geneste, 2012: GENESTE Jean-Michel, *Lascaux,* Paris, Gallimard, hors-série coll. « Découvertes », 2012, p. 34.

Geneste, Hordé, Tanet, 2003: GENESTE Jean-Michel, HORDÉ Tristan, TANET Chantal, *Lascaux, une œuvre de mémoire,* Périgueux, Fanlac, 2003, p. 142.

Glory, 1960: GLORY André, « Les peintures de Lascaux sont-elles périgordiennes? », *Antiquités nationales,* no 11, 1960, pp. 26-34.

Glory, 1964a: GLORY André, « L'énigme de l'art quaternaire peut-elle être résolue par la théorie du culte des Ongones? », *Revue des sciences religieuses,* no 38/4, 1964, pp. 337-388.

Glory, 1964b: GLORY André, « La stratigraphie des peintures à Lascaux (France) », in COLLECTIF, *Miscelanea en homenaje al Abate Henri Breuil,*

参考文献

Barcelone, Instituto de Prehistoria y Arqueologia, t. 1, 1964, pp. 449-455.

Glory, 1965: GLORY André, *L'énigme de Lascaux,* Extrait du Congrès préhistorique de Monaco, XVIe session, 1959, Le Mans, Imprimerie Monnoyer, 1965.

Glory, 1971: GLORY André, *Lascaux, Versailles de la Préhistoire,* Périgueux, imprimerie Jaclemoues, 1971.

Glory, 2008: GLORY André, *Les recherches à Lascaux (1952-1963),* Documents recueillis et présentés par Brigitte et Gilles Delluc, Paris, CNRS Éditions, XXXIXe supplément à *Gallia Préhistoire.*

Gombrich, 1996: GOMBRICH Ernst, *L'art et l'illusion. Psychologie de la représentation picturale,* trad. Guy Durand, Paris, Gallimard, 1re éd. 1960, 1996, p. 560

González, 2002: GONZÁLEZ Reynaldo, *Art et espace dans les grottes paléolithiques cantabriques,* trad. Marie-Christine Groenen, Grenoble, Jérôme Millon, coll. « L'Homme des origines », 2002, p. 464.

Guilaine, 2011: GUILAINE Jean, *Archéologie, science humaine, Entretiens avec Anne Lehoërff,* Paris, Actes Sud/Errance, 2011, p. 240.

Guilaine, 2015: GUILAINE Jean, *Les hypogées protohistoriques de la Méditerranée: Arles et Fontvieille,* Arles, Errance, 2015, p. 336.

Hayden, 2008: HAYDEN Brian, *L'homme et l'inégalité. L'invention de la hiérarchie durant la Préhistoire,* trad. Jean-Pierre Chadelle revue par Sophie de Beaune, Paris, CNRS Éditions, coll. « Le Passé recomposé », 2008, p. 166.

Jègues-Wolkiewiez, 2008: JÈ GUES-WOLKIEWIEZ Chantal, « Lascaux et les astres », *Les Dossiers d'archéologie,* hors série no 15, 2008, pp. 22-29.

Jègues-Wolkiewiez, 2012: JÈ GUES-WOLKIEWIEZ Chantal, *Sur les chemins étoilés de Lascaux,* Hyères, La Pierre Philosophale, 2012, p. 422.

Kaulins, 2003: KAULINS Andis, *Stars, Stones and Scholars: The Decipherment of the Megaliths as an Ancient Survey of the Earth by Astronomy,* Bloomington, Trafford Publishing, 2003, p. 422.

Kirchner, 1952: KIRCHNER Horst, « Eine archaöologischer Beitrag zur Urgeschichte des Schamanismus », *Anthropos,* no 47/1-2, 1952, pp. 244-286.

Lacalle Rodriguez, 1998: LACALLE RODRIGUEZ Raquel, « Sobre el significado de algunas composiciones del arte paleolitico », *Zephyrus,* no 51, 1998, pp. 265-276.

Lacanette, Malaurent, 2010: LACANETTE Delphine, MALAURENT Philippe, « La 3D au service de la conservation des grottes ornées, l'exemple de Lascaux et du simulateur Lascaux », *in Situ, revue des patrimoines* [en ligne], 13, 2010, https:// insitu.revues.org/6793.

Lagrange, 1990: LAGRANGE Jacques, « Lascaux intime », in COLLECTIF, *Le livre du Jubilé de Lascaux 1940-1990,* supplément au tome CXVII du *Bulletin de la Société historique et archéologique du Périgord,* 1990, pp. 109-114.

Lahaye, 2015: LAHAYE Romain, *Cinq grottes ornées du Quercy attribuées au Gravettien: Analyse du discours*, Mémoire de master 2 sous la direction de D. Pesesse, 2 tomes, 2015.

Laming, 1959: LAMING Annette, *Lascaux. Peintures et gravures*, Paris, Voici, coll. « Science-Information », 1959.

Laming-Emperaire, 1962: LAMING-EMPERAIRE Annette, *La signification de l'art rupestre paléolithique*, Paris, Picard, 1962, p. 424.

Laming-Emperaire, 1970: LAMING-EMPERAIRE Annette, « Système de pensée et organisation sociale dans l'art rupestre paléolithique », in COLLECTIF, *L'homme de Cro-Magnon, anthropologie et archéologie, 1868-1968*, Paris, Arts et Métiers graphiques, 1970, pp. 197-212.

Lamotte, 2006: LAMOTTE Camille, «Les empreintes de mains se donnent un genre », *Le journal du CNRS,* no 192, 2006, www2.cnrs.fr/journal/2596.htm.

Laval, 2007: LAVAL François, *Mon père, l'Homme de Lascaux,* Périgueux, Pilote 24 Éditions, 2007, p. 231.

Laval, 1950: LAVAL Léon, *La caverne peinte de Lascaux,* Montignac, Éditions du Périgord Noir, 1re éd. 1948, 1950, p. 46.

Leason, 1939: LEASON Percy A., « A New View of the Western European Group of Quaternary Cave Art », *Proceedings of the Prehistoric Society*, no 5, 1939, pp. 51- 60.

Le Goff, 2014a: LE GOFF Jacques, *Saint Louis,* Paris, Gallimard, coll. «Folio histoire », no 205, 1re éd. 1996, 2014, p. 1282.

Le Goff, 2014b: LE GOFF Jacques, *Faut-il vraiment découper l'histoire en tranches?,* Paris, Seuil, coll. « La librairie du XXe siècle », 2014, p. 224.

Le Quellec, 1998: LE QUELLEC Jean-Loïc, *Art rupestre et préhistoire du Sahara,* Paris, Payot, collection « Bibliothèque scientifique », p. 622.

Le Quellec, 2006: LE QUELLEC Jean-Loïc, « L'extension du domaine du chamanisme à l'art rupestre sud-africain », *Afrique & Histoire,* no 6, 2006, pp. 41-75.

Le Quellec, 2009: LE QUELLEC Jean-Loïc, *Des Martiens au Sahara. Chroniques d'archéologie romantique,* Arles-Paris, Actes Sud/Errance, coll. «Histoire», 2009, p. 320.

Le Quellec, 2014: LE QUELLEC Jean-Loïc, « Une chrono-stratigraphie des mythes de création », in Yves VADÉ (dir.), *Mémoire culturelle et transmission des légendes,* Paris, l'Harmattan, 2014, pp. 51-72.

Le Quellec, 2015: LE QUELLEC Jean-Loïc, «À quoi ressemblaient les premiers mythes?», in Jean-François DORTIER (dir.), *Révolution dans nos origines*, Auxerre, Éditions Sciences Humaines, 2015, pp. 195-199.

Le Quellec, 2017: LE QUELLEC Jean-Loïc, *L'Homme de Lascaux et l'énigme du puits,* Poullaouën, Tautem, 2017, p. 112.

Lequèvre, 2016: LEQUÈVRE Frédéric, *Galaxies à Lascaux. Les merveilles de l'archéo-astronomie,* Sophia-Antipolis, Éditions book-e-book, coll. « Une chandelle dans les ténèbres » no 38, 2016, p. 70.

Leroi-Gourhan, 1948: LEROI-GOURHAN André, Préface, in Fernand WINDELS, *Lascaux, « chapelle Sixtine » de la Préhistoire, Montignac,* Centre d'études et de documentation préhistoriques, 1948, pp. 7-13.

Leroi-Gourhan, 1965: LEROI-GOURHAN André, *Les religions de la Préhistoire*, Paris, Presses universitaires de France, coll. «Mythes et religions», 1965, p. 152.

Leroi-Gourhan, 1975: LEROI-GOURHAN André, «Iconographie et interprétation», in COLLECTIF, *Les religions de la Préhistoire*, Valcamonica Symposium 72, Actes du symposium international sur les religions de la Préhistoire, Capo di Ponte, Edizioni Del Centro, pp. 49-55, p. 52.

Leroi-Gourhan, 1982: LEROI-GOURHAN André, *Les racines du monde, Entretiens avec Claude-Henri Rocquet,* Paris, Belfond, 1982, p. 303

Leroi-Gourhan, 1984: LEROI-GOURHAN André, « Grotte de Lascaux », in COLLECTIF, *L'art des cavernes. Atlas des grottes ornées paléolithiques françaises,* Paris, Ministère de la Culture/Imprimerie nationale, coll. « Atlas archéologiques de la France », 1984, pp. 180-200.

Leroi-Gourhan, 1990: LEROI-GOURHAN André, « À propos de Lascaux. Notes et dessins inédits présentés par Brigitte et Gilles Delluc », in COLLECTIF,

Le livre du Jubilé de Lascaux 1940-1990, supplément au tome CXVII du *Bulletin de la Société historique et archéologique du Périgord,* 1990, pp. 81-108.

Leroi-Gourhan, 1991: LEROI-GOURHAN André, « Lettre-préface », in Brigitte et Gilles DELLUC, *L'art pariétal archaïque en Aquitaine*, XXVIIIe supplément à *Gallia-Préhistoire*, Paris, Éditions du CNRS, 408 p., p. 8.

Leroi-Gourhan, 1992: LEROI-GOURHAN André, *L'art pariétal, langage de la Préhistoire,* Grenoble, Jérôme Millon, coll. « L'Homme des origines », 1992, p. 420.

Leroi-Gourhan, 1995: LEROI-GOURHAN André, *Préhistoire de l'art occidental*, nouvelle édition revue et augmentée par Brigitte et Gilles Delluc, Paris, Citadelles & Mazenod, 1re éd. 1965, 1995, p. 621.

Leroi-Gourhan, 1990: LEROI-GOURHAN Arlette, «À la recherche de Lascaux inconnu », in COLLECTIF, *Le livre du Jubilé de Lascaux 1940-1990*, supplément au tome CXVII du *Bulletin de la Société historique et archéologique du Périgord*, 1990, pp. 11-12.

Leroi-Gourhan, Evin, 1979: LEROI-GOURHAN Arlette, EVIN Jacques, « Les datations de Lascaux», in Jacques ALLAIN, Arlette LEROI-GOURHAN (dir.), *Lascaux inconnu*, Paris, CNRS Éditions, XIIe supplément à *Gallia Préhistoire*, 1979, pp. 81-84.

Lévi-Strauss, 1984: LÉVI-STRAUSS Claude, *Tristes Tropiques,* Paris, Presses Pocket, no 8, p. 512, 1re édition 1955.

Lima, 2012: LIMA Pedro, *Les métamorphoses de Lascaux,* Montélimar, Synops, 2012, p. 156.

Lommel, 1969: LOMMEL Andreas, *L'homme préhistorique et primitif,* Genève, Éditions de Crémille, 1969, p. 176.

Lorblanchet, 1994: LORBLANCHET Michel, « Le mode d'utilisation des sanctuaires paléolithiques », in *MUSEO Y CENTRO DE INVESTIGACION DE ALTAMIRA, Monografias,* 17, 1994, pp. 235-251.

Malaurent et al., 2007: MALAURENT Philippe, BRUNET Jacques, LACANETTE Delphine, CALTAGIRONE Jean-Paul, GENESTE Jean-Michel, SIRE Marie-Anne, « Modélisation numérique et conservation des biens culturels: application à la grotte de Lascaux », *International Newsletter on Rock Art,* no 48, 2007, pp. 14-19.

Malraux, 1972: MALRAUX André, *Antimémoires,* nouvelle édition revue et augmentée, Paris, Gallimard, coll. « Folio », 1972, p. 640.

Man-Estier, Paillet, 2016: MAN-ESTIER Elena, PAILLET Patrick, « La "scène du Puits" de Lascaux ou les multiples récits issus des profondeurs du temps », *La Nouvelle Revue Française,* no 622, 2016, pp. 130-135.

Man-Estier, Paillet, 2017: MAN-ESTIER Elena, PAILLET Patrick, *La grotte de Lascaux,* Rennes, Éditions Jean-Paul Gisserot, 2017, p. 32.

Manning et al., 1998: MANNING John T., SCUTT Diane, WILSON James, LEWIS- JONES D. Iwan, « The Ratio of 2nd to 4th Digit Length: A Predictor of Sperm Numbers and Concentrations of Testosterone, Luteinizing Hormone and Œstrogen », *Human Reproduction,* no 13/11, 1998, pp. 3000-3004.

Mauss, 1938: MAUSS Marcel, «Une catégorie de l'esprit humain: la notion de personne, celle de "moi"», *Journal of the Royal Anthropological Institute,* vol. LXVIII, 1938.

Medina-Alcaide *et al.,* 2017: MEDINA-ALCAIDE Angeles, GARATE MAIDAGAN Diego, SANCHIDRIAN TORTI José Luis, «Painted in Red: In Search of Alternative Explanations for European Palaeolithic Cave Art», *Quaternary International,* 2017, https://doi.org/10.1016/j.quaint.2016.08.043.

Mithen, 1988: MITHEN Steven, *The Prehistory of the Mind. A Search for the Origins of Art, Religion and Science,* Londres, Thames et Hudson, 1988, p. 480.

Otte *et al.,* 2009: OTTE Marcel, NOIRET Pierre, REMACLE Laurence, *Les hommes de Lascaux,* Paris, Armand Colin, coll. « Civilisations », 2009, p. 248.

Pastoors *et al.*, 2015: PASTOORS Andreas, LENSSEN-ERZ Tilman, CIQAE Tsamkgao, KXUNTA Ui, THAO Thui, BÉGOUE N Robert, BIESELE Megan et CLOTTES Jean, « Racking in Caves: Experience Based Reading of Pleistocene Human Footprints in French Caves », *Cambridge Archaeological Journal,* no 25/ 3, 2015, pp. 551-564.

Pastoors *et al.*, 2016: PASTOORS Andreas, LENSSEN-ERZ Tilman, BREUCKMANN Bernd, CIQAE Tsamkgao, KXUNTA Ui, RIEKE-ZAPP Dirk, THAO Thui, « Experience Based Reading of Pleistocene Human Footprints in Pech-Merle », *Quaternary International,* 2016, http://dx.doi.org/10.1016/j.quaint.2016.02.056.

Pesesse, 2013: PESESSE D, «Le Gravettien existe-t-il? Le prisme du système technique lithique», in Marcel OTTE (dir.), *Les Gravettiens,* Arles, Errance, coll. « Civilisations et Cultures », 2013, pp. 67-104.

Petrognani, 2013: PETROGNANI Stéphane, *De Chauvet à Lascaux. L'art des cavernes, reflet de sociétés préhistoriques en mutation*, Arles, Errance, coll. « Les Hespérides », 2013, p. 256.

Petrognani, Sauvet, 2012: PETROGNANI Stéphane, SAUVET Georges, « La parenté formelle des grottes de Lascaux et de Gabillou est-elle formellement établie? » *Bulletin de la Société préhistorique française,* no 109/3, 2012, pp. 441-455.

Pigeaud, 1990: PIGEAUD Jackie, « La rêverie de la limite dans la peinture antique », *La part de l'œil,* dossier: le dessin, no 6, 1990, pp. 115-124. Réédité dans *L'art et le vivant,* Paris, éditions Gallimard, collection NRF essais, 1995, chapitre IX, pp. 199-211.

Pigeaud, 2005a: PIGEAUD Romain, « Lascaux, une fantastique ode à la vie. Interview de Norbert Aujoulat », *Archéologia,* no 420, 2005, pp. 18-31.

Pigeaud, 2005b: PIGEAUD Romain, « Immédiat et successif: le temps de l'art des cavernes», *Bulletin de la Société préhistorique française,* no 102/4, 2005, in COLLECTIF, *La perception du temps en Préhistoire,* Actes du 129e Congrès des Sociétés historiques et scientifiques, Besançon, 19 au 24 avril 2004, pp. 813-828.

Pigeaud, 2007a: PIGEAUD Romain, « L'art paléolithique est-il un art pompier? Ou comment l'abbé Breuil fit accepter l'art paléolithique », in Jacques EVIN, Emmanuelle THAUVIN-BOULESTIN (dir.), *Un siècle de construction du discours scientifique en préhistoire,* Actes du 26e Congrès préhistorique de France, centenaire de la SPF, Avignon, 21 au 25 septembre 2004, vol. 1, Paris, Éd. Société préhistorique française, 2007, pp. 167-184.

Pigeaud, 2007b: PIGEAUD Romain, «Les rituels des grottes ornées. Rêves de préhistoriens, réalités archéologiques », in Sophie A. DE BEAUNE (dir.), *Chasseurs-cueilleurs. Comment vivaient nos ancêtres du Paléolithique supérieur,* Actes du colloque international « Restituer la vie quotidienne au Paléolithique supérieur », Lyon, 16 au 18 mars 2005, Paris, CNRS Éditions, 2007, pp. 161-170. Réédité en 2013 en poche dans la collection Biblis (CNRS Éditions, no 37).

Pigeaud, 2009: PIGEAUD Romain, « Fragments autour des cavernes », in Éric VAN DER SCHUEREN (dir.), *Une traversée des savoirs. Mélanges offerts à Jackie Pigeaud,* Textes rassemblés par Philippe Heuzé et Yves Hersant, Québec, Canada, Les Presses de l'Université de Laval, « Les collections de la

République des lettres, Symposiums », 2009, pp. 545-560.

Pigeaud, 2013a: PIGEAUD Romain, « Ombres chinoises dans les grottes ornées. Un stupéfiant retour en arrière », *Archeologia,* no 508, 2013, pp. 6-9.

Pigeaud, 2013b: PIGEAUD Romain, « Derrière la paroi: portrait-robot de l'artiste paléolithique», in Marc GROENEN (dir.), *Expressions esthétiques et comportements techniques au Paléolithique,* Actes du 16e Congrès de l'UISPP, 4 au 10 septembre 2011, Florianopolis (Brésil), vol. 3, Oxford, BAR International Series 2496, 2013, pp. 87-93.

Pigeaud, 2016a: PIGEAUD Romain, «Chronologie et imaginaire: éléments de Préhistoire flottante », in COLLECTIF, *Du silex au gobelet en plastique. Réflexions sur les limites chronologiques de l'archéologie*, Bordeaux, Fedora, coll. «Sondages », 2016, pp. 157-175.

Pigeaud, 2016b: PIGEAUD Romain, « Frère des cavernes », in COLLECTIF, *Hommage à Norbert Aujoulat, Paleo,* numéro hors série, 2016, pp. 13-17.

Pigeaud, 2016c: PIGEAUD Romain, « L'homme préhistorique et la mort », *Comptes rendus Palevol*, no 16 /2, 2016, pp. 167-174.

Pigeaud, 2017: PIGEAUD Romain, «Il faudra bien ressortir! La grotte, passage obscur, intérieur nuit», in Jackie PIGEAUD (dir.), *L'Intérieur,* Actes des XXe Entretiens de La Garenne Lemot, Clisson, 7 au 9 novembre 2013, Rennes, Presses universitaires de Rennes, 2017, pp. 295-315.

Pigeaud et al., 2016: PIGEAUD Romain, BERROUET Florian, BOUGARD Estelle, «Constructions symboliques: l'art préhistorique comme support de communication», in Claude MORDANT, Olivier BUCHSENSCHUTZ, Christian JEUNESSE et Denis VIALOU (dir.), *Signes et communication dans les civilisations de la parole,* Actes du 139e Congrès national des sociétés historiques et scientifiques, Nîmes, 2014, Paris, Éditions du CTHS, 2016, pp. 54-69, http://cths.fr/ ed/edition.php?id=7062.

Raphael, 1986: RAPHAEL Max, *L'art pariétal paléolithique. Trois essais sur la signification de l'art pariétal paléolithique*, Paris, Le couteau dans la plaie/Kronos, 1986, p. 228.

Rappenglück, 1999: RAPPENGLÜCK Michael A., *Eine Himmelskarte aus der Eiszeit?: ein Beitrag zur Urgeschichte der Himmelskunde und zur paläoastronomischen Methodik, aufgezeigt am Beispiel der Szene in « Le Puits », Grotte de Lascaux (Com. Montignac, Dép. Dordogne, Rég. Aquitaine, France)*, Frankfurt, Peter Lang GmbH, 1999, p. 531.

Rigal, 2016: RIGAL Gwenn, *Le temps sacré des cavernes,* préface de Romain Pigeaud, Paris, José Corti, coll. « Bibliophilia », 2016, p. 379.

Rouaud, 1996: ROUAUD Jean, *Le paléo circus,* Paris, Flohic, coll. « Musées secrets », 1996, p. 89.

Rouzaud, 1978: ROUZAUD François, *La paléospéléologie. L'homme et le milieu souterrain pyrénéen au Paléolithique supérieur,* Archives d'écologie préhistorique Toulouse, Publ. École des hautes études en sciences sociales, 1978, p. 168.

Rouzaud, 1992: ROUZAUD, F., ROUZAUD, J.-N., LEMAIRE, E., «La "vision polaire" ou la transcription graphique bidimensionnelle des volumes au Paléolithique supérieur», *Paleo,* no 4, pp. 195-212, 1992.

Sackett, 1977: SACKETT James R., «The Meaning of Style in Archaeology: A General Model», *American Antiquity,* vol. 42, no 3, 1977, pp. 369-380.

Sauvet, 1979: SAUVET Suzanne et Georges, «Fonction sémiologique de l'art pariétal animalier franco-cantabrique », *Bulletin de la Société préhistorique française,* no 76/10-12, 1979, pp. 340-354.

Sauvet, 1981: SAUVET, Georges, « Signes et symboles paléolithiques », *Journal du GRETOREP,* no 4, pp. 20-38.

Sauvet, 1988: SAUVET Georges, « La communication graphique paléolithique (de l'analyse quantitative d'un corpus de données à son interprétation sémiologique) », *L'Anthropologie,* no 92/1, 1988, pp. 3-15.

Sauvet, Wlodarczyk, 1977: SAUVET Suzanne et Georges, WLODARCZYK André, «Essai de sémiologie préhistorique (pour une théorie des premiers signes graphiques de l'homme) », *Bulletin de la Société préhistorique française,* no 74/ 2, 1977, pp. 545-558.

Sauvet, Wlodarczyk, 1995: SAUVET Georges, WLODARCZYK André, « Éléments d'une grammaire formelle de l'art pariétal paléolithique», *L'Anthropologie,* no 99/2-3, 1995, pp. 193-211.

Sauvet, Wlodarczyk, 2000-2001: SAUVET Georges, WLODARCZYK André, « L'art pariétal, miroir des sociétés paléolithiques », *Zephyrus,* 53-54, pp. 217-240.

Semonsut, 2013: SEMONSUT Pascal, *Le passé du fantasme. La représentation de la préhistoire en France dans la seconde moitié du XXe siècle,* Arles, Errance, coll. « Hespérides », 2013, p. 456.

Sharpe, Van Gelder, 2004: SHARPE Kevin, VAN GELDER Leslie, « Les enfants et l'"art" paléolithique: indices à la grotte de Rouffignac », *International Newsletter on Rock Art*, no 38, 2004, pp. 9-17.

Sharpe, Van Gelder, 2006: SHARPE Kevin, VAN GELDER Leslie, « A Method for Studying Finger Flutings», in Chenna REDDY (dir.), *Exploring the Mind of Ancient Man: Festschrift to Robert G. Bednarik,* New Delhi, Research India Press, 2006, p. 413.

Smith, 1992: SMITH Noel W., An Analysis of Ice Age Art. Its Psychology and Belief System, New York, Peter Lang, American University Studies, series XX, vol. 15, 1992, p. 242.

Snow, 2006: SNOW Dean R., « Sexual Dimorphism in Upper Palaeolithic Hand Stencils », *Antiquity,* no 80/308, 2006, pp. 390-404.

Snow, 2013: SNOW Dean R., « Sexual Dimorphism in European Upper Paleolithic Cave Art », *American Antiquity,* no 78/4, 2013, pp. 746-761.

Soubeyran, 1991: SOUBEYRAN Françoise, « Nouveau regard sur la pathologie des figures pariétales », *Bulletin de la Société historique et archéologique du Périgord,* no 4, 1991, pp. 523-560.

Soubeyran, 1995: SOUBEYRAN Françoise, «Lascaux: proposition de nouvelle lecture de la scène du Puits », *Paleo,* no 7/1, 1995, pp. 275-288.

Tauxe, 1999: TAUXE Denis, « Participation figurative et abstraite du point dans l'iconographie pariétale de Lascaux », *L'Anthropologie,* no 103/4, 1999, pp. 531-548.

Tauxe, 2004: TAUXE Denis, *L'art pariétal de la grotte de Lascaux: analyse des liaisons thématiques,* Thèse doctorale, soutenue le 23 juin 2004, Muséum national d'histoire naturelle, 2004, p. 611.

Tauxe, 2007: TAUXE Denis, « L'organisation symbolique du dispositif pariétal de la grotte de Lascaux », Préhistoire du Sud-Ouest, no 15/2, 2007, pp. 177-266.

Tauxe, 2009: TAUXE Denis, « Analyse comparative des thèmes abstraits des deux grottes majeures du début de la culture magdalénienne il y a 17 à 18 000 ans: Lascaux et Gabillou», *Bulletin de la Société historique et archéologique du Périgord,* t. CXXXVI, 2009, pp. 169-184.

Testart, 2016: TESTART Alain, *Art et religion, de Chauvet à Lascaux,* Paris, Gallimard, coll. « Bibliothèque des Histoires », 2016, p. 380.

Ucko, 1987: UCKO Peter, «Débuts illusoires dans l'étude de la tradition artistique », *Préhistoire ariégeoise,* no XLII, 1987, pp. 15-81.

Veyne, 1988: VEYNE Paul, « Conduites sans croyance et œuvres d'art sans spectateur », *Diogène,* no 143, 1988, pp. 3-22.

Vialou, 1984: VIALOU Denis, « Les cervidés de Lascaux », in Hans-Georg BANDI (dir.), *La contribution de l'éthologie et de la zoologie à l'interprétation de l'art des peuples chasseurs préhistoriques,* 3e Colloque de la Société suisse des sciences humaines, Sigriswill, 1979, Fribourg, Éd. universitaires, 1984, pp. 199-216.

Vialou, 1986: VIALOU Denis, *L'art des grottes en Ariège magdalénienne,* XXIIe supplément à Gallia Préhistoire, Paris, CNRS Éditions, 1986, p. 432.

Vialou, 1989: VIALOU Denis, « Chronologie des styles de l'art paléolithique selon André Leroi-Gourhan », in COLLECTIF, *Le temps de la Préhistoire,* Paris, Sociétépréhistorique française/Faton, 1989, pp. 31-35.

Vialou, 2003: VIALOU Denis, *La vache sautante de Lascaux,* Paris, Scala, 2003, p. 31.

Vidal, 2008: VIDAL Pierre, «Conservation de Lascaux», *Spéléo Dordogne,* hors série no 4, 2008.

Vignaud et al., 2006: VIGNAUD Colette, SALOMON Hélène, CHALMIN Émilie, GENESTE Jean-Michel, MENU Michel, «Le groupe des "bisons adossés" de Lascaux. Étude de la technique de l'artiste par analyse des pigments», *L'Anthropologie,* no 110, 2006, pp. 482-499.

Vouvé, 1995: VOUVÉ Jean, « Essai de caractérisation d'objets colorants découverts dans la grotte de Lascaux (Dordogne, France) et implications futures», *L'Anthropologie,* no 99/2-3, 1995, pp. 478-483.

Windels, 1948: WINDELS Fernand, *Lascaux, « chapelle Sixtine » de la Préhistoire,* Montignac, Centre d'études et de documentation préhistoriques, 1948.

Wo lfflin, 1997: WO LFFLIN Heinrich, *Réflexions sur l'histoire de l'art,* Paris, Flammarion, coll. « Champs arts » no 632, 1997, p. 210.

著作权合同登记号 图字：01-2022-0283

图书在版编目（CIP）数据

看见最早的绘画 /（法）罗曼·佩吉奥著；曲晓蕊译. —— 北京：北京大学出版社，2025.2. —— ISBN 978-7-301-35845-0

Ⅰ. K885.659.41

中国国家版本馆 CIP 数据核字第 202592CA36 号

Originally published in France as: Lascaux. Histoire et archéologie d'un joyau préhistorique by Romain Pigeaud
© CNRS Editions 2017
Current Chinese translation rights arranged through Divas International, Paris
巴黎迪法国际版权代理 (www.divas-books.com)

书　　名	看见最早的绘画 KANJIAN ZUIZAO DE HUIHUA
著作责任者	（法）罗曼·佩吉奥（Romain Pigeaud）著　曲晓蕊 译
责任编辑	赵聪
标准书号	ISBN 978-7-301-35845-0
出版发行	北京大学出版社
地　　址	北京市海淀区成府路 205 号　100871
网　　址	http://www.pup.cn　新浪微博：@北京大学出版社
电子邮箱	zpup@pup.cn
电　　话	邮购部 010-62752015　发行部 010-62750672 编辑部 010-62753154
印 刷 者	北京九天鸿程印刷有限责任公司
经 销 者	新华书店 880 毫米×1230 毫米　16 开本　15 印张　162 千字 2025 年 2 月第 1 版　2025 年 2 月第 1 次印刷
定　　价	88.00 元

未经许可，不得以任何方式复制或抄袭本书之部分或全部内容。
版权所有，侵权必究
举报电话：010-62752024　电子邮箱：fd@pup.cn
图书如有印装质量问题，请与出版部联系，电话：010-62756370